Colección
Vendedores
Efectivos

La oportunidad toca a la PUERTA

Descubre el secreto que conduce hacia una vida extraordinaria

Pat Mesiti

TALLER DEL ÉXITO

La oportunidad toca a la puerta

Título en inglés: *Opportunity Knocks*
Traducción: Taller del Éxito Inc.

Publicado por:
Editorial Taller del Exito
1669 N.W. 144 Terrace, Suite 210
Sunrise, Florida 33323, U.S.A.

Editorial dedicada a la difusión de libros y audiolibros de desarrollo personal, crecimiento personal, liderazgo y motivación.

Diseño de carátula y diagramación: Diego Cruz

ISBN 10: 1-607380-87-0
ISBN 13: 978-1-60738-087-0

Printed in Colombia
Impreso en Colombia por D'vinni S.A.

11 12 13 14 15 R|CD 06 05 04 03 02

CONTENIDO

INTRODUCCIÓN

¡Aproveche las oportunidades a su disposición y obtenga el éxito!

¿Por qué sucede que algunas personas reconocen las oportunidades y otras no? Pareciera como si la gente exitosa a nuestro alrededor se las arreglara para asirse de los momentos favorables que penden en el aire delgado y produjeran el éxito a partir de allí. Si usted es uno de esos millones de personas que están esperando por una oportunidad que lleve su vida a otro nivel, este libro es para usted. Este libro le ayudará a entender los elementos implícitos en las oportunidades, de modo que pueda sacar el máximo provecho de estas.

Las oportunidades se presentan en variadas formas y tamaños, y con frecuencia traen un disfraz. Es como lo expresó Vivian Ward el personaje interpretado por Julia Roberts en la película *Mujer Bonita,* la mayoría de las oportunidades son como "pececillos resbaladizos".

Todos hemos tenido infinidades de oportunidades en el pasado, desde escoger nuestras carreras y asignaturas hasta escoger a nuestra pareja y amigos. De hecho, las oportunidades están a nuestro acecho en este mismo instante, y continuarán apareciendo en el futuro. Ningún periodo de la historia presenta impedimentos para las oportunidades: están en lo que se constituye como pasado, en el presente y en el futuro y su disponibilidad es para todas las personas.

El siglo XXI continuará ofreciéndole muchas nuevas oportunidades. Más que nunca, el nuevo milenio, aún en su infancia, tiene almacenadas muchísimas oportunidades para un número creciente de personas. Los años tempranos de este siglo determinarán si usted y su familia progresarán o prosperarán, o si por el contrario, se harán menos eficaces y como resultado, obtengan menos en la vida. Si usted cae en la categoría de la última descripción, de seguro no podrá obtener la prosperidad que desea y merece.

Este libro trata sobre las oportunidades que se presentan en nuestro camino. La manera como usted maneje esas posibilidades determinará su éxito o su fracaso. Por ejemplo, la forma como usted enfrente las situaciones de pérdida, bien puede ser la clave para determinar su futuro. Si usted desea sacar el mejor provecho de las oportunidades que se presenten a su paso, deberá entonces estar en capacidad de reconocer cuando se presenta una. De hecho, necesitará conocer su apariencia. Con frecuencia estas se presentan en un

> "Si la oportunidad no tiene una puerta para tocar, construúyale una".
> —Milton Berle

paquete sorpresa empacado en la forma de algo diferente.

La oportunidad toca a la puerta, ¿puede escucharla? Si uno no logra escuchar, que está tocando al otro lado de la puerta, no le podrá abrir, y entonces la oportunidad se irá. Creo que fue Milton Berle quien dijo una vez, "Si la oportunidad no tiene una puerta para tocar, constrúyale una". Una puerta nos da la oportunidad de atravesarla y de entrar en una nueva etapa de la vida, un nuevo entorno y un futuro extraordinario.

Muchas personas se acercan a las puertas de forma tímida, otros entran sin vacilar. Las personas del primer grupo se encuentran a la espera de que la oportunidad toque a la puerta, pero en realidad no tienen una puerta personal donde la oportunidad pueda tocar. Con mucha frecuencia ocurre que estas personas han construido paredes en vez de puertas —tienen ideas preconcebidas respecto cómo debe ser la apariencia de la puerta. Por ejemplo, si una secretaria rehúsa aceptar la oportunidad de aprender habilidades informáticas porque siempre ha utilizado una máquina de escribir, su preconcepción se convierte en un muro de resistencia —siempre lo ha hecho de esa manera. Aquello le restringirá las oportunidades para un empleo futuro.

Sin embargo, para atrapar las oportunidades que vienen en camino hacia nosotros, debemos establecer para nosotros mismos y para las generaciones que vienen después de nosotros un nuevo enfoque mental. Debemos desarrollar la disposición de asumir riesgos, de poner nuestros sueños en funcionamiento y superar la mentalidad de trabajo de ocho a cinco que nos hace prisioneros de las deudas. Si uno desarrolla esa nueva forma de pensar, de que el tiempo es un amigo en vez de un enemigo, entonces se está encaminando en la dirección hacia el éxito.

CAPÍTULO UNO

¿CÓMO RECONOCER UNA OPORTUNIDAD?

El mundo está lleno de almas desafortunadas que no escucharon cuando la oportunidad tocó a su puerta, porque estaban en la tienda de abarrotes comprando un billete de lotería.

Napoleón Hill

¿Cuántas veces hemos visto a alguien alcanzar el éxito, seguridad financiera, y un buen estilo de vida, y hemos llamado a eso "suerte"? ¿Con cuánta frecuencia hemos tenido frente a nosotros oportunidades para construir algo mejor, pero las hemos rechazado, simplemente porque no parecían oportunidades? (De hecho, una oportunidad usualmente parece más un desafío). Cuando alguien más capitaliza y prospera en la oportunidad que nosotros pasamos por alto, tenemos el descaro de decir que eso fue "suerte". Las oportunidades se nos presentan, pero a nosotros nos corresponde hacerlas realidad. Estas simplemente no se concretan por sí mismas.

Y con más frecuencia de lo que imaginamos, las oportunidades vienen disfrazadas de problemas. Chuck Swindoll observó acertadamente: "A todos se nos presenta una serie de grandes oportunidades, asombrosamente disfrazadas de situaciones imposibles". Cuán cierta es esa declaración tan simple. Las oportunidades difícilmente se presentan adornadas con un letrero de neón fulgurante. Se dice que mientras más grande sea la oportunidad, se esfumará con mayor rapidez. Nuestra actitud hacia esa oportunidad volátil determinará si capitalizaremos sobre esta para hacer que algo suceda, o si simplemente dejaremos que pase a nuestro lado, permitiendo que alguien más la aproveche.

> *A todos se nos presenta una serie de grandes oportunidades, asombrosamente disfrazadas de situaciones imposibles.*
> *—Chuck Swindoll*

Cuando la agencia discográfica Decca Records desaprovechó la oportunidad de firmar con The Beatles porque no les gustaba "su sonido", desperdiciaron la posibilidad de poder capitalizar una oportunidad que se les presentó de forma fugaz. Este cuarteto de Liverpool, arrasó con el mundo, rompió todos los records de asistencia a un concierto, y probablemente sea la banda de rock más famosa de todos los tiempos. Sus canciones se han fijado de manera indeleble en las mentes y en los corazones de varias generaciones.

Hagamos un pequeño ejercicio: complete las siguientes letras de alguna salgunas canciones de los Beatles:

She loves you...

I wanna hold your...

We all live in a...

Can't buy me...

Let it...

Hey...

Imagine la situación. Decca Records permitió que la oportunidad se resbalara por entre los dedos. El genio que desperdició esta coyuntura le costó a su compañía cientos de millones de dólares. Desde una mirada retrospectiva podríamos decir, "¡Qué tonto fue ese hombre! Yo hubiera aprovechado la oportunidad". Pero la pregunta es, ¿la hubiera aprovechado usted? Aquella no parecía una oportunidad —se trataba de cuatro muchachos desaliñados, provenientes de los barrios populares de Liverpool, sin esperanza y con un futuro incierto— al menos eso era lo que algunos hubieran pensado.

Considere al coronel Sanders; piense en los 2.060 portazos que recibió al presentar su receta secreta para preparar pollo. Al final, en el intento 2.061, alguien apuntó al objetivo en movimiento, abrió la puerta y echó mano del pollo; y junto con las plumas que salieron a volar han venido los miles de millones de dólares, a medida que literalmente millones de pollos han puesto el cuello para mantener vivo el sueño del coronel Sanders. (Yo pienso que un buen número de pollos nacen destinados a cumplir la impresionante visión del coronel).

Las oportunidades no son un asunto de suerte; las oportunidades son para ser aprovechadas. La mayoría de las veces las oportunidades parecen irrelevantes, insignificantes, y con frecuencia, desafiantes. El gigante roble nace de una bellota pequeña. Pero el potencial de su grandeza radica

> "Las oportunidades no son un asunto de suerte; las oportunidades son para ser aprovechadas".

en la bellota. Piense en una manzana. Usted puede contar las semillas de una manzana, pero no puede contar las manzanas que pueden surgir de las semillas de esa manzana. La lección, amigos, es que la oportunidad que se presenta ante ustedes, puede no parecer muy grande ahora, pero en el futuro puede convertirse en un gran árbol que dé fruto rebosante.

El gigante roble nace de una bellota pequeña. Pero el potencial de su grandeza radica en la bellota.

Cuando empecé con, la ahora reconocida nacionalmente, organización juvenil *Youth Alive*, en Nueva Gales del Sur (Australia), no parecía que fuera una gran oportunidad; para muchos carecía de propósito. Lo que inició con un puñado de adolescentes ha crecido hasta el punto en que más de 11.000 jóvenes han asistido, por lo menos, a una reunión. Dondequiera que Youth Alive celebra eventos en mi estado de Nueva Gales del Sur, la asistencia ha sido a rebosar. Esa oportunidad no se veía como se ve hoy en día. No habían líderes, teníamos pocos músicos, no habían recursos, ni apoyo financiero, únicamente la semilla de un sueño.

Hace muy poco, tuve otra oportunidad de emprender un programa para la recuperación de personas con adicción a las drogas, el cual, para decirlo tímidamente, era un desastre. Definitivamente no parecía ser una oportunidad; parecía como un gran dolor de cabeza. Pero de hecho, sí era una oportunidad, astutamente disfrazada en forma de un completo desastre.

En la actualidad, el programa está floreciendo: varias personas están siendo rehabilitadas; se les está encontrando un hogar a quienes no lo tienen; estamos obteniendo apoyo financiero por parte de algunas personas, y otros están contribuyendo con su tiempo y sus habilidades. ¿Por qué? Ellos ahora ven una oportunidad —no ven la bellota, sino un árbol de roble. En 18 meses 76 jóvenes han participado en el programa y van rumbo a una vida libre de la adicción a las drogas —sus pesadillas están siendo reemplazadas por sueños.

> "Demasiadas personas piensan en la seguridad en vez de pensar en la oportunidad".
> —James F. Byrnes

Si usted aprovecha una oportunidad cuando todavía es una bellota, la gente se sentirá orgullosa del buen cultivador que usted es. El famoso estadista, político, jurista y filántropo James F. Byrnes dijo en una ocasión, "Demasiadas personas piensan en la seguridad en vez de pensar en la oportunidad".

En mi experiencia existen al menos seis claves que pueden revelar que lo que tenemos ante nosotros es una oportunidad en vez de un problema. Para reconocer una oportunidad, usted tendrá que:

1. Ver el final, no el principio
2. Pensar con una orientación de oportunidad.
3. Evitar buscar el camino fácil.

4. Estar preparado para el día en que se presente la oportunidad —¡viene disfrazada!
5. Hacer lo mejor de cada situación.
6. Tomar la oportunidad con ambas manos (es decir, de todo corazón y con pasión).

Ahora veamos como encajan estas seis señales vitales en la vida real.

Vea el final, no el principio

Las oportunidades están hechas del momento y de las condiciones apropiadas, así como de la capacidad de elegir apropiadamente en ese momento: cuando tenga frente a sí la oportunidad, ¡tome la decisión! En otras palabras, cuando la oportunidad toque la puerta, es usted quien debe elegir si ha de entrar o no. La bola está de su lado. El doctor Maxwell Maltz, en *The Search for Self Respect, La búsqueda del autorrespeto* dice: "Usted crea la oportunidad. Usted es quien desarrolla las capacidades para avanzar hacia las oportunidades. Convierta las crisis en oportunidades creativas, y las derrotas en éxitos, y la frustración en sentido de logro".

Entonces, la primera clave para reconocer las oportunidades es llegar a tener la convicción que usted es la única persona quien decide lo que es un problema y lo que es una oportunidad. La manera como usted responda a las circunstancias determina si estas se pueden convertir en oportunidades para su progreso, su carrera, y su estilo de vida. De modo que debemos manifestar iniciativa y no posponer las cosas cuando vemos el potencial de una oportunidad. Debemos tener un sentido de aventura y no de intimidación. La naturaleza humana tiende a reaccionar con intimidación en vez de reaccionar con un sentido de aventura; la función principal de la intimidación es la de impedirnos aprovechar las oportunidades que se presentan en nuestro camino.

> "Usted crea la oportunidad. Usted es quien desarrolla las capacidades para avanzar hacia las oportunidades. Convierta las crisis en oportunidades creativas, y las derrotas en éxitos, y la frustración en sentido de logro".
> —Maxwell Maltzta

Sin embargo, si usted percibe cualquier desafío como un proceso de aventura en el cual pueda aprender, crecer y prosperar, entonces estará en una posición ventajosa para convertir los obstáculos en oportunidades. Permítanme ilustrar este punto. Alguien se presenta y habla de una nueva oportunidad de negocio. Implica tiempo, esfuerzo y recursos. En otras palabras, hay un costo implícito. ¿Cuál es su primera respuesta? ¿Se siente intimidado por los costos? A continuación, aparecen alrededor personas que confirman sus peores temores. (Siempre aparecen "expertos" que refuerzan nuestros temores intimidantes.) Eventualmente usted rechaza la mismísima oportunidad que le permitiría alcanzar libertad, seguridad financiera y muchos otros beneficios.

Esto ocurre en muchos ámbitos de la vida como el del matrimonio y la crianza de los hijos. La gente con frecuencia dice, "¡Cuidado con los terribles dos años!", otros dicen, "Es muy difícil criar hijos en un entorno tan negativo", o "Los años de la adolescencia son una pesadilla llena de rebelión y problemas, y luego, cuando se casan y se van de casa, tus hijos nunca piensan en ti, y ni te visitan; están demasiado ocupados para papá y mamá, quienes hicieron tanto por ellos". Permítanme preguntar: con esa forma de pensar ¿cuándo va a ser una alegría el tener hijos?

Yo he encontrado que criar hijos representa un desafío, pero no es una pesadilla. Es cierto, a los dos años de edad, cuando los niños gatean por todas partes, y toman los utensilios de cocina como si fueran una batería, no parece que allí hubiera una oportunidad latente, ¡pero al menos sus hijos están desarrollando sus talentos musicales! En la adolescencia sus hijos se resisten a la autoridad y buscan independencia, pero usted está criando a alguien que se va a convertir en adulto; es la oportunidad de influir en ellos, de enseñarles y de entrenarlos. Para mi criar hijos es algo fantástico. Puede que existan altibajos, pero eso es lo que significa crecer. Y todo ello representa una oportunidad de invertir en el futuro.

Aparte de desempeñarme como conferencista en el sector corporativo y de entrenar y movilizar personas, yo superviso dos de los programas para jóvenes más efectivos en el mundo. Con regularidad enfrentamos situaciones difíciles con los adolescentes. Sin embargo, yo no me concentro en los problemas, me concentro en las increíbles oportunidades del potencial que estos jóvenes tienen. Ellos son bellotas que han de convertirse en robles. Ellos pueden convertir sus tragedias en triunfos. Permítanme decirlo de una forma simple: el lugar donde uno se pare determina lo que vea. Si usted busca las oportunidades, las encontrará en todas partes. Usted es quien determina las oportunidades.

> "Si usted busca las oportunidades las encontrará en todas partes. Usted es quien determina las oportunidades".

Piense con una orientación de oportunidad

La segunda regla para reconocer una oportunidad está relacionada con sus propias circunstancias. Con la oportunidad es posible concebir el cómo, mediante un plan sistemático y la actitud correcta, usted puede beneficiarse de sus circunstancias. Encuentre la manera de ganar en cada situación y habrá hallado la oportunidad. En otras palabras, si usted determina la diferencia entre la oportunidad y el problema, entonces todo puede tener un lado ganador, siempre habrá algo positivo que se podrá derivar de toda situación adversa. Cuando las oportunidades vienen probablemente no se presenten de la forma más esperada, pero la clave está en aprovechar las ventajas que ofrece cada situación para acrecentar la experiencia.

El autor en temas de motivación O. S. Marsden dijo, "Existe un poder que permanece latente en todas partes, esperando al ojo observador que lo descubra". Hace poco leí que en 1948, Gene Autry estaba buscando una canción de Navidad que fuera tan popular como su canción de 1947, titulada, *Here Comes Santa Claus (Aquí viene Santa Claus)*. Aparentemente Autry necesitaba cuatro canciones, pero tenía solo tres. Para ese tiempo un joven compositor de Nueva York le envió la letra y la música de *Rudolph the Red Nosed Reindeer (Rudolf el reno de la nariz roja)*. Autry consideró que la canción era un poco tonta, pero a su esposa le encantó. En la sesión de grabación final él grabó la canción. Esa simple canción, la que Audry casi descarta vendió dos millones y medio de copias sólo ese año. Desde entonces, Rudolph ha sido grabado por más de 400 artistas en casi todos los idiomas y ha vendido más de 100 millones de copias. Eso es lo que yo llamo estar del lado ganador. Él no lo vio, pero su esposa sí lo hizo. ¿No ocurre esto todos los días?

"Existe un poder que permanece latente en todas partes, esperando al ojo observador que lo descubra".
—O. S. Marden

Para ilustrar lo que estoy diciendo sobre ver el lado ganador, observe esta historia sobre el inventor Thomas Edison, contada por su hijo. Cierto día el laboratorio de Edison, junto con todos sus experimentos e investigaciones ardió en llamas. Su hijo Charles, preocupado por el bienestar de su padre, se apresuró a su lado, preocupado de que su padre estuviera atribulado y acongojado porque toda su investigación, sus estudios y sus experimentos se habían desvanecido. "Rápido", dijo su padre, "¡ve y llama a tu madre!" Charles Edison se preguntó por qué habría de hacer eso. Cuando preguntó la razón, el inventor dijo, "Dile que se apresure, ella no volverá a ver un incendio de esta magnitud". Pero ese no es el fin de la historia. Al día siguiente, mientras Edison caminaba entre las cenizas y los escombros, empezó a decir con gran entusiasmo, "¡Gracias a Dios, Gracias a Dios! El mundo nunca sabrá de todos mis errores y fracasos; se han quemado y han desaparecido para siempre". ¡Eso es ver el lado ganador!

Ahora bien, digamos que usted encuentra un desafío en su camino hacia el éxito, como ocurrió en el caso de Edison, y enfrenta rechazo, pérdida y una cuesta empinada, ¿ve usted el lado ganador en el esfuerzo o simplemente ve el lado negativo del asunto? Todos los días, las oportunidades nos suplican, pero como lo hemos mencionado antes, con frecuencia vienen disfrazadas. Nos corresponde a cada uno de nosotros reconocerlas como una oportunidad.

Imagine por un momento que alguien viene y le dice que usted tiene el potencial de iniciar su propio negocio, que puede ganar dinero en él, y le muestra cómo hacerlo. ¿Qué le vendría a su mente? ¿La implicación del costo: el tiempo, el esfuerzo, el trabajo duro adicional, los sacrificios, etc.? ¿O, se dejaría motivar por el lado ganador: ingresos adicionales, amistades, y crecimiento personal?

Evite buscar el camino fácil

La tercera clave es ver en cada circunstancia el potencial de alcanzar la visión de su vida. Las oportunidades son siempre dones que nos dan la oportunidad de progresar, no de retroceder; de ir en la avanzada, no de ir en la retaguardia; de alcanzar la victoria, no la derrota.

"Dos caminos aparecieron en el bosque, y yo tome el menos transitado, y ello ha hecho la gran diferencia".
—Robert Frost

Pero las oportunidades no siempre son fáciles de manejar. De modo que no busque el camino fácil con las oportunidades, procure andar la ruta del esfuerzo. Muchas personas piensan que las oportunidades deben simplemente caer a sus pies, pero las oportunidades se crean y se moldean en la medida que nosotros las creamos y las moldeamos. Usted nunca —y lo repito, NUNCA— logrará alcanzar la visión de su vida si elige el camino fácil.

Sueñe grandes sueños y elija la ruta difícil. El poeta americano, Robert Frost, lo dice de forma muy apropiada en su poema *El camino no tomado*:

Había un camino que se bifurcaba en
medio del bosque, apesadumbrado por ello
y siendo solo un viajero yo no podía andar
por los dos caminos.

Me detuve un largo rato y contemplé uno
de los caminos hasta donde mi vista alcanzaba,
hasta donde este se perdía por entre la maleza.
Entonces, para ser justos, tomé el otro camino...

El poema termina del siguiente modo:

Dos caminos aparecieron en el bosque,
y yo tomé el camino menos transitado,
y ello ha hecho la gran diferencia.

No tome el camino hacia donde apuntan todas las flechas —¡así conseguirá los mismos resultados que los demás obtuvieron!

Esté preparado para el día en que se presente la oportunidad

Su día de oportunidad es hoy. No existe escasez de oportunidades en el mundo; sólo existe insuficiencia de personas que quieran aprovecharlas—personas que estén listas a asirse con ambas manos de las oportunidades que se les presentan. En una ocasión escuché a un conferencista motivacional explicar el siguiente punto: Al mismo momento en el que todos los días millones de personas en el planeta se sientan a llorar con sus vasos de limosnas, diciendo que nada bueno se cruza por su camino, trillones de dólares de actividad económica literalmente zumban

> "No existe escasez de oportunidades en el mundo; sólo existe escasez de personas que quieran aprovechar las oportunidades".

por todo el planeta. "Si usted desea tener algunos de esos dólares", dijo el conferencista, "todo lo que tiene que hacer es estirar la mano y atraparlos". ¡Este hombre tenía completamente la razón! ¡Hoy es su día de oportunidad!

Haga lo mejor de cada situación

Tras un trágico accidente Joni Erikson-Tada quedó confinada a una silla de ruedas. En medio del dolor y del sufrimiento, empezó a desarrollar la habilidad de pintar sosteniendo el pincel con la boca. En la actualidad, ella habla literalmente ante millones de personas, ofreciéndoles esperanza en medio del dolor —todo porque ella ve la oportunidad como una dádiva mediante la cual nos convertimos en aquello para lo cual estamos destinados a ser.

La gente exitosa busca la manera de capitalizar a partir de las oportunidades, de moldearlas y de darles forma para que se conviertan en algo que les pueda beneficiar a ellos y a los demás. En ello radica la belleza de las oportunidades. Están disfrazadas como dificultades, molestias y dolor, pero con frecuencia se convierten en oportunidades cuando estamos dispuestos a aprovechar su mejor ángulo.

A Hellen Keller se le preguntó qué puede ser peor que estar ciega. Contestó, "Estar en capacidad de ver, pero no tener visión". ¿Cree usted que esa declaración sería igual de poderosa si ella pudiera tener vista física? Ella consideró su situación de ceguera como una oportunidad para convertirse en una mejor persona.

Tome la oportunidad con ambas manos

Las oportunidades no esperan a nadie. Usted debe ser diligente, prudente y demostrar voluntad. Aproveche los momentos de oportunidad que se le presenten, hágalos suyos y llévelos consigo. Las oportunidades están en todas partes. Pero de usted dependerá asirse de ellas cuando las vea.

En este capítulo hemos considerado las seis claves para identificar las oportunidades. Espero haberle persuadido de que cualquier cosa puede convertirse en una oportunidad. Ninguna situación en la que se encuentre tiene por qué ser un problema; al contrario, si responde de la forma correcta, cada situación tiene implícito un potencial sobrenatural dentro de sí. La clave está en su actitud (y la forma como usted reaccione), con tal que esté dispuesto a ver el lado ganador y esté preparado para hacer el esfuerzo. La clave está en reconocer la naturaleza dada de las oportunidades: ¡Las oportunidades están disponibles hoy y de usted depende asirse de ellas! Existe abundancia de oportunidades en la vida, y sólo usted puede decidir que estas obren a favor suyo.

No espere hasta que el bote llegue al muelle —zambúllase y nade hasta él.

Ahora es el tiempo oportuno para hacer cualquier cosa. Las cosas ocurren en los momentos "oportunos", no necesariamente en los momentos convenientes. Si usted espera a que el tiempo debido llegue, el entorno correcto, el sentimiento correcto, cuando todo esté en su lugar —todavía estará esperando el siglo que viene. La oportunidad pasará al lado suyo. No espere hasta que el bote llegue al muelle —zambúllase y nade hasta él.

CAPÍTULO DOS

MITOS RESPECTO A LAS OPORTUNIDADES

El oportunismo es la práctica de
sacar ventaja de las oportunidades para
obtener dinero o poder.
Diccionario australiano Collins

Cuando uno lee la cita de arriba se siente tentado a verla de forma negativa —tiende a pensar que el oportunismo de algún modo es algo tortuoso, solapado, agazapado y que debe verse con sospecha. Cuando yo leo la definición, veo que el oportunismo y la oportunidad como un medio de crear una vida más significativa, próspera e influyente, tanto para otros como para mí mismo.

No hay nada malo en querer ganar más dinero o poder —estas cosas en sí mismas no son buenas o malas. El poder, el dinero, la influencia y el éxito asumen las características de las personas que los tienen. Debemos hacer que las oportunidades y el sentido de oportunismo queden en las manos de las personas buenas, de mente imparcial, con buenas intensiones, que deseen ser una buena influencia, en vez de permitir que el dinero, el poder, la influencia, la riqueza y la creatividad queden en las manos del tipo de personas equivocadas.

Existen cinco mitos respecto a las oportunidades que explicaré en este capítulo. Estas concepciones equivocadas nos alejan de las posibilidades de construir el éxito. Cuando tenemos y conservamos el punto de vista incorrecto respecto a las oportunidades, nos engañamos a nosotros mismos y nos perdemos de muchas cosas buenas que pueden llegar a ser nuestras.

El argumento de la moral en bancarrota

Usted debe estar haciéndolo mal

El primer mito respecto a las oportunidades consiste en que si usted echa mano de una oportunidad, de algún modo se le percibe como alguien cuya moral está en bancarrota. Obviamente este no es el caso. Sin embargo, la forma como usted utilice sus oportunidades, reflejará el tipo y la calidad de persona que es usted. El no aprovechar las oportunidades es aún más serio que aprovecharlas, con tal que, por supuesto, las oportunidades que elijamos sean buenas, productivas y útiles. No aprovechar las oportunidades puede considerarse como pereza o desinterés.

Dietrich Bonhoffer escribió: "Para que los hombres malos triunfen, todo lo que la gente buena tiene que hacer es …nada".

A mí me parece moralmente equivocado que la gente buena no aproveche las oportunidades respecto al dinero, el poder y la influencia. Dietrich Bonhoffer escribió: "Para que los hombres malos triunfen, todo lo que la gente buena tiene que hacer es …nada".

En el año 415 A.C., el historiador griego, Tucídides, escribió: "No consideramos que la riqueza sea un recurso para vanagloriarnos, sino una oportunidad para el logro, y en cuanto a la pobreza, no creemos que sea la desgracia, sino una verdadera degradación como para no hacer el esfuerzo de superarla". Permítanme decir esto en palabras del siglo XXI: la gente encuentra más cómodo rechazar la riqueza y la abundancia en vez de ayudar a otros a librarse de las circunstancias de la pobreza y las dificultades. Es fácil criticar a los ricos, pero los ricos, al ser oportunistas, generalmente crean oportunidades para sí y para otros, superar la pobreza.

> "No consideramos que la riqueza sea un recurso para vanagloriarnos, sino una oportunidad para el logro, y en cuanto a la pobreza, no creemos que sea la desgracia, sino una verdadera degradación como para no hacer el esfuerzo de superarla".
> —Tucídides

Por ejemplo, Bill Gates, es un hombre muy rico. ¿A cuántas personas ha enriquecido él y a cuántas les ha dado empleo, y cuántos otros negocios se han beneficiado de las oportunidades que ofrecen los productos de Microsoft o sus compañías afiliadas? ¡Literalmente cientos de miles! ¡Intente imaginarse la vida sin Windows!

Las oportunidades son selectivas

Lo anterior me lleva al segundo mito, que de algún modo la oportunidad discrimina a quién elige para beneficiar. Solemos decir que las personas como las que hemos mencionado tienen "suerte". Por eso es que me encanta esta cita: "Pregúntale a cualquier fracasado y dirá que el éxito es un asunto de suerte". De hecho, las oportunidades no seleccionan a las personas. Las oportunidades siguen unos principios, como el de hacer lo mejor posible en cada circunstancia.

El magnate del cine y de los medios Samuel Goldwin, dijo en una ocasión, "Yo creo, en esencia, que la suerte consiste en reconocer una oportunidad y tener la habilidad de aprovecharla. Todo el mundo ha tenido circunstancias difíciles, pero todo el mundo también tiene muchas oportunidades. El hombre que puede sonreír ante sus fracasos y que se aprovecha de las oportunidades puede salir adelante". Oprah Winfrey lo dice de forma más resumida pero con la misma intensidad, "La suerte es un asunto de preparación que aprovecha la oportunidad".

"Yo creo, en esencia, que la suerte consiste en reconocer una oportunidad y tener la habilidad de aprovecharla".
—Samuel Goldwin

En nuestro mundo moderno, la gente espera que su oportunidad aparezca —un billete de lotería, o una herencia de una tía rica que muere de repente mientras dormía; pero, ¿sabía usted que de acuerdo al bestseller *El millonario de la puerta de al lado*, el 80 por ciento de los millonarios en América son la primera generación de ricos, y que dos terceras partes tienen su propio negocio? Ellos no heredaron las oportunidades, las crearon. No sienten vergüenza de sí mismos por no haber nacido "exitosos"; ellos simplemente cambiaron las circunstancias mediante la acción positiva. ¿Capta usted el punto en cuestión?

La oportunidad es perpetua

El tercer mito respecto a las oportunidades es que mi oportunidad siempre va a estar ahí. Ninguna oportunidad es permanente. Las oportunidades viajan continuamente. Al llegar al aeropuerto me es entregado un pasabordo, el cual me da la oportunidad de tomar mi avión. La aerolínea usualmente hace un llamado para el abordaje, para que los pasajeros ingresen al avión. Minutos después, si yo no he logrado abordar, la aerolínea hace un último llamado. Si el avión ha de partir a las 10:00 a.m., y yo no he abordado el avión dentro de un periodo de 10 minutos, la aerolínea liberará mi puesto a otro pasajero que esté a la espera de una oportunidad para volar. Y yo, no solamente habré perdido mi vuelo, sino que habré arruinado mi día y mis planes. Todo porque pensé que podría abordar en cualquier momento, a mi propio ritmo. Ese es un error grande. El rey Salomón dijo: "El tiempo y el suceso imprevisto les acaecen a todos".

"El 80 por ciento de los millonarios en América son la primera generación de ricos, y dos terceras partes tienen su propio negocio. Ellos no heredaron las oportunidades, las crearon".

Las oportunidades se harán disponibles ante usted, pero si no las aprovecha, alguien más lo hará. Ahora es el tiempo de sacar el máximo provecho a las circunstancias —ese tiempo no es la próxima semana o el próximo año. "Las oportunidades nunca se desperdician", dice el dicho anónimo, "alguien más aprovechará aquellas que usted pierda". Las oportunidades no se sientan a esperar a que nadie aparezca. Las oportunidades son volátiles.

Los fracasos anteriores imposibilitan las nuevas oportunidades

Transformando las desventajas en ventajas

El cuarto mito sobre las oportunidades es que las grandes oportunidades de hoy se ven frustradas por los fracasos de ayer. Pero la realidad es que hoy es un día nuevo. Permítanme darles un ejemplo al respecto. Mi buen amigo y reconocido conferencista surafricano, Andre Olivier, escribió respecto a Charles Steinmetz, a quien él llama "un genio eléctrico":

> *Él [Steinmetz] uno de los fundadores de la colosal General Electric, quedó lisiado desde el nacimiento. Su cuerpo tenía una apariencia lamentable; era tan bajo de estatura que parecía un enano y era jorobado.*
>
> *Su madre murió antes de que cumpliera un año de edad. Su padre era relativamente un hombre pobre, pero estaba determinado, hasta donde se lo permitieran sus medios, a darle una educación completa. Steinmetz*

no podía jugar los juegos que los demás jóvenes jugaban normalmente, de modo que se decidió a dedicarse por completo a la ciencia. Su lema de vida era, "Yo haré descubrimientos que ayuden a la gente".

Cuando emigró a los Estados Unidos, no sabía ni una sola palabra en inglés, y su rostro estaba hinchado debido al frío que tuvo que soportar durante el viaje. Su visión necesitaba corrección y su estatura pequeña y cuerpo deforme, además de su ropa, hicieron que las autoridades portuarias se vieran tentadas a devolverlo a Suiza. Pero Charles se quedó, y obtuvo la oportunidad de trabajar por $12 dólares a la semana. La compañía que lo contrató se llamaba General Electric, y allí rápidamente se dieron cuenta que era un genio y un experto en el campo de la electricidad. Su carrera estuvo caracterizada por la investigación y el desarrollo, y hasta el día de hoy Charles es inspiración para muchos. Cuando murió, en 1923, se dijo, "Este jorobado deformado tenía la mente de un ángel y el alma de un visionario".

Esta historia ilustra cómo los fracasos, las discapacidades físicas o las luchas emocionales nunca nos deben impedir que aprovechemos las oportunidades para construir un mejor mañana. Los pasados trágicos pueden convertirse en un testimonio para el futuro.

De la esclavitud a la libertad

En su libro, *¿Vendrá el amanecer?*, Robert Heffler cuenta la siguiente historia inspiradora. Había un niño

"La tendencia de la naturaleza humana es a esclavizarnos de nuestros temores pasados, en vez de impulsarnos ante las nuevas oportunidades".

jugando en el bosque. Le habían dado una cauchera, pero nunca podía acertar en el blanco. Cuando regresaba a casa accidentalmente viró su cauchera y mató al pato de su abuela. El niño se sintió muy perturbado. De modo que ocultó al pato, pero se dio cuenta que su hermana lo había visto todo. Ella permaneció en silencio. Más tarde, su abuela le pidió a la niña que lavara los platos, pero ella dijo, "Johnny quiere hacerlo". Entonces le susurró a Johnny, "Recuerda al pato". Al día siguiente, el abuelo le dijo a los niños que fueran a pescar, pero la abuela dijo, "Necesito que alguien me ayude con la cena". La hermana del niño exclamó, "A Johnny le gustaría ayudar". Y ella se fue a pescar. Luego de una semana de tormentos, Johnny le confesó a su abuela lo que había sucedido. Ante lo cual ella dijo, "Lo sé, lo vi todo. Te perdono. Sólo me estaba preguntando por cuánto tiempo ibas a permitir que tu hermana te hiciera esclavo del pasado".

La tendencia de la naturaleza humana es a esclavizarnos de nuestros temores pasados, a nuestros fracasos y a nuestros problemas, en vez de permitir que nos liberemos e impulsarnos ante las nuevas oportunidades. Quizás en el pasado hemos experimentado algún fracaso, algún tipo de rechazo, y empezar un nuevo proyecto comercial implica sobreponerse ante esos temores. Conozco a muchas personas en el mundo comercial que, por temor al rechazo, han traído los temores del pasado al presente, y así, han perdido muchas oportunidades que pudieron haberlos proyectado a un futuro increíble.

No hacer trabajo duro

El quinto mito respecto a las oportunidades es que el oportunismo puede substituir a las habilidades y al trabajo duro, cuando en realidad lo opuesto es lo cierto. Un viejo dicho afirma , "Cuánto más duro trabajo, mayor suerte obtengo".

"Un viejo dicho afirma, Cuánto más duro trabajo, mayor suerte obtengo".

Cuentan la historia de un amante del arte que vio como Picasso pintó un cuadro en cuestión de horas. El hombre comentó lo grandioso que puede ser poder pintar un cuadro y crear una obra de arte en tan poco tiempo. Entonces Picasso contestó, "Usted no estuvo aquí durante los pasados 40 años para observar cómo se desarrolló mi arte".

El oportunismo nunca substituye a las habilidades ni a la diligencia

Yo soy un gran aficionado del fútbol italiano. Y dada mi afición, voy a aprovechar esta oportunidad para decir que el fútbol italiano es el mejor del mundo. Todos en Italia son expertos —¡desde las graderías! En el último Mundial de Fútbol, un joven ítalo-australiano, llamado Christian Vieri, irrumpió en el escenario mundial anotando un gol tras otro. Uno de mis amigos, por supuesto italiano, me dijo, "Vieri no es un gran jugador, sólo es un oportunista". ¡Qué comentario más estúpido!

Permítanme ir al punto: la idea del juego del fútbol es patear el balón, pasar la defensa, vencer obstáculos, evitar estar fuera de lugar, y a medida que se avanza a una velocidad increíble, frente a 100.000 personas en un estadio y millones más viendo el juego por la televisión, y la presión de los hinchas contrarios, y de los medios, darle a la pelota con suficiente puntería como para rebasar al arquero y así alcanzar la red contraria. Yo creo que en eso consiste el fútbol, en anotar goles. Pero, aparentemente, de acuerdo a mi amigo, el juego no consiste en eso.

Si Christian Vieri escuchara las bromas de personas como las de mi amigo, al momento de recibir la pelota, y entonces tuviera la oportunidad de anotar un gol, y se preguntara, "¿Qué va a pensar la gente?", y entonces, de manera bondadosa devolviera la pelota al equipo contrario, y luego se disculpara por haberlos hecho correr para obtenerla... ¡Seamos serios! ¿No quisiera él aprovechar la oportunidad? ¡La idea entera del juego es aprovechar la oportunidad y hacer que esta cuente!

Las oportunidades vienen y continuarán viniendo, y debemos sacarles el mejor provecho. Si Christian Vieri tuviera el balón y no anotara un gol, o no intentara anotarlo, no duraría mucho en el juego. Por eso es que muchos en el juego de la vida no logran ganar —no aprovechan las oportunidades que se les presentan.

Todos sabemos que en el matrimonio, como en todas las relaciones, se presentan problemas. Sin embargo, todo el tiempo surgen oportunidades de aumentar el romance, de dar un regalo, y una palabra de ánimo a su pareja. Pero si usted tuviera la idea de que su pareja le percibe como oportunista, nunca construiría una relación abierta y significativa. Aquí subyace la diferencia entre aquellos que son acusados de ser oportunistas y aquellos que le sacan el máximo provecho a la oportunidad y que crean más oportunidades; todo mientras los espectadores les critican desde el sofá.

> "Los oportunistas aprovechan la oportunidad, la sacan el máximo provecho y crean más oportunidades".

Los mitos que hemos considerado arrebatan la posibilidad de beneficiarnos de las oportunidades. Tome la iniciativa. No es un asunto de suerte. Permanecer atado al pasado o tener el temor de ser percibido como oportunista impedirá que alcancemos el éxito. Evitemos los mitos, tomemos la iniciativa y capitalicemos las oportunidades. En palabras de Dave Thomas, fundador de Wendy´s, "Con un poco de iniciativa se mejora la suerte en nueve de cada 10 días".

Recuerde, las personas que se aferran a los mitos muy rara vez se benefician de las oportunidades.

CAPÍTULO TRES

LOS COMPONENTES DE LA OPORTUNIDAD

Muchos hacen con las oportunidades lo mismo que los niños hacen en la playa. Llenan sus manos con arena y dejan que los granos caigan uno a uno, hasta que no queda ninguno.

Thomas Jones

Rita Coolidge lo ha expresado de forma muy acertada: "Con mucha frecuencia las oportunidades tocan a nuestra puerta, pero mientras se retira la cadena, se abre el cerrojo, se quitan los pasadores y se apagan las alarmas contra intrusión, es demasiado tarde". El lema es "sea como los boy scouts", ¡esté siempre listo!

Para sacarle el mayor provecho a las oportunidades el estar preparados constituye un factor determinante. Es fácil olvidar lo importante que es la preparación. A este respecto, el constructor de navíos y visionario, conocido como Noé, puede ser nuestro guía. Recuerde, cuando Noé construyó el arca no llovía. Pero él estaba preparado a pesar de no saber qué era exactamente la lluvia. (Algunos dicen que Noé fue bendecido por el hecho de desconocer lo que era la lluvia, ya que así no tenía ideas preconcebidas ni temores.)

La preparación nos ayuda a estar listos para cuando se presente la oportunidad. En vez de preocuparse por los conceptos preconcebidos de lo que la oportunidad es o no es, hágase productivo.

Hace 20 años, cuando tuve mi primera oportunidad de discursar, yo estaba preparado. No tuve tiempo de pensar, "Esto no es realmente lo que estoy buscando", simplemente porque no era tan grande como yo lo había imaginado para el futuro. Yo aproveché la oportunidad. En una fecha más reciente hablé ante una audiencia de 60.000 personas en los Estados Unidos de América. Eso no sucedió por casualidad; yo me había estado preparando toda la vida para las oportunidades que se me están presentando hoy. En el ayer, yo me estaba alistando.

"Con mucha frecuencia las oportunidades tocan a nuestra puerta, pero mientras se retira la cadena, se abre el cerrojo, se quitan los pasadores y se apagan las alarmas contra intrusión, es demasiado tarde".
—Rita Coolidge

En este capítulo, consideraremos los elementos —los factores clave— que nos ayudarán a sacar el mayor provecho de las oportunidades que tocan a nuestra puerta. Los elementos no son exhaustivos, aunque usted encontrará que muchos de estos son esenciales para lograr lo máximo de las oportunidades.

Cómo sacar el máximo provecho del tiempo

Viva como un campeón

El primer elemento para asirse de las oportunidades tiene que ver con sacar el máximo provecho del tiempo. El campeón de boxeo, Muhammad Ali, dijo; "Yo odiaba cada minuto del entrenamiento, pero me decía, 'No te rindas. Sufre ahora, ¡pero vive el resto de tu vida como un campeón!'". Muchas personas quieren tener gratificación o un sentido de logro inmediato. La gratificación instantánea por lo general dura lo que dura el evento de gratificación; su duración es a corto plazo. Lo mismo sucede con el éxito de la noche a la mañana, los millones instantáneos —tan fácil como vienen también se van.

> "Yo odiaba cada minuto del entrenamiento, pero me decía, No te rindas. ¡Sufre ahora, pero vive el resto de tu vida como un campeón!".
> —Muhammad Ali

Recientemente estuve trabajando en el jardín y uno de mis internos estaba trabajando a mi lado. Cuando hicimos un breve descanso para tomar un refrigerio, el joven me miró, estando yo con la pala en mi mano, y me preguntó, "Pat, ¿cuándo se deja de servir? ¿Cuándo podré hacer lo que tú estás haciendo?". Estoy seguro de que si lo hubiera decapitado ese día, Dios me lo hubiera perdonado rápidamente. Parecía como si el joven pensara que todo ocurre de forma instantánea. A menudo contemplamos a las personas exitosas y decimos, "Eso es lo que yo quiero ser". Vemos la instantánea del ahora. Pero lo que debemos ver es la película de toda la vida. El éxito toma tiempo.

Toma tiempo crecer. Toma tiempo prepararse. Toma tiempo aprender. También implica tiempo alcanzar el siguiente nivel, para ganar la carrera. Debemos recordar que el éxito es una maratón, no una carrera de velocidad. El tiempo nos prueba y demuestra lo que realmente somos. Pero con el tiempo la crema sube a la cima.

"El éxito es una maratón, no una carrera de velocidad. El tiempo nos prueba y demuestra lo que realmente somos".

El tiempo incide en las cosas de diferente manera. Por ejemplo, el tiempo, afecta a la leche de cierta manera (¡tan solo vaya a la nevera y observe!) y al vino de otra. El elemento común es el tiempo, pero la reacción está determinada por la composición del producto.

La historia de los tres hombres

Permítanme ilustrarlo. En 1945, tres conferencistas sobresalientes y talentosos retumbaron por toda América. ¿Alguna vez ha escuchado de Chuck Templeton? ¿Qué hay de Brian Clifford? ¿Le suena familiar el nombre de Billy Graham?

Estos tres conferencistas contemporáneos tenían talento, eran elocuentes y destacados. Se dice que Templeton era el predicador más talentoso de América. Una revista influyente comentó sobre él que sería la próxima persona más destacada de la iglesia. Se decía de Clifford que era el orador más influyente en siglos; con el fin de escucharle, la gente se abarrotaba a las afueras de los auditorios 10 y 12 horas antes de su presentación. En el año 1945, en la Universidad Baylor, el presidente ordenó que se dejaran de tocar las campanas, de manera que Clifford pudiera hablar sin interrupción. Habló durante dos horas y quince minutos y dejó a la audiencia cautivada. Este hombre logró incidir en un número de personas, influir en un número de líderes y fijar registros de asistencia de manera muy superior a cualquier otro hombre de su día. Hasta se le ofreció representar un papel en la película *La túnica sagrada*. En contraste, Billy Graham, fue prácticamente ignorado y llegó a conocérsele simplemente como "Billy el resoplador".

Pero para el año 1950, sólo cinco años después, Templeton había abandonado el ministerio para trabajar en la radio y en la televisión. En el año 1954, Clifford perdió a su familia, sus riquezas, su salud y su vida. El alcohol acabó con él. A la edad de 35 años, fue encontrado muerto en el cuarto de un hotel deteriorado en Amarillo, Texas.

"Debemos ser fieles con las oportunidades pequeñas que se nos presenten, así nos demostraremos dignos de recibir oportunidades mayores!".

En tan solo 10 años, solo uno de los tres hombres permanecía en el mismo camino. Billy Graham, a pesar de no tener antecedentes religiosos, políticos o sociales, continúa siendo destacado como uno de los hombres más influyentes y honorables de todos los tiempos. El tiempo dirá cómo responderá usted a los desafíos, a los problemas y a las oportunidades. Lo que hay en su interior es lo que se hará evidente con el paso del tiempo.

Alcanzar el éxito toma tiempo, de modo que debemos ser fieles con las oportunidades pequeñas que se nos presenten, así nos demostraremos dignos de recibir oportunidades mayores.

Enfoque

El segundo elemento es el enfoque. ¿Qué es tener enfoque? Si usted considera la vida de muchas personas influyentes de la historia, descubrirá que estas personas se destacaron por mantenerse enfocadas, es decir, por concentrar la atención en el objetivo de su interés.

¿No sorprende que algunas personas inicien la vida con sólo unos centavos, pero luego acumulan una inmensa fortuna debido a que concentraron su atención en un objetivo? Otras personas pueden iniciar con grandes cantidades de dinero, quizás una herencia, pero con el tiempo, no dedican suficiente atención, y malgastan su riqueza. Aquello a lo cual le prestamos atención es lo que nos permite progresar.

La prioridad no ocurre por casualidad, sino por elección

De manera similar, aquello a lo cual le prestamos atención se convierte en nuestra prioridad. Nosotros elegimos nuestras prioridades. En el año 1999, tuve el privilegio de estar en un evento con el cantante John Farnham. Cuando cantaba era la personificación misma de la pasión. ¡Qué energía y entusiasmo! Era obvio que él se había dedicado a sacarle el mayor provecho a su don. Hizo de cantar la prioridad en su vida y el resultado fue la recompensa.

Y como en el caso de John, cualquier cosa a la que usted le asigne prioridad, es lo que prosperará. Las prioridades se establecen por el tiempo que usted dedica, por los esfuerzos que hace, y por la pasión con la que actúa en relación con algo en la vida.

"Cualquier cosa a la que usted le asigne prioridad, es lo que prosperará. Las prioridades se establecen por el tiempo que usted dedica, por los esfuerzos que hace, por los pensamientos que tiene y por la pasión con la que actúa en relación con algo en la vida".

Y mientras que aquello en lo que usted concentra su atención prospera, del mismo modo aquello que usted ignora muere. Yo he descubierto que cuanto más piense alguien en su problema y en su adicción, más propenso está a cultivarlo. Debemos mantenernos vigilantes de no prestar atención a las cosas que en vez de crecer deben morir en nosotros.

Debemos aprender a enfocarnos en todo aquello en lo cual podamos influir. Todos nosotros podemos influir en nuestra familia, en nuestros amigos y hasta en la sociedad. Esa influencia puede venir de nuestra propia fortaleza. La mayoría de las personas intentan concentrarse en áreas de su vida donde tienen pocas fortalezas o habilidades. El resultado es que no se convierten en una influencia. Y no solamente les falta influencia sino que además pierden el enfoque.

> "Cuando usted se enfoca, cuando todas sus energías se juntan en un punto, ocurren grandes cosas".

Muchos recordarán que Michael Jordan intentó jugar béisbol. Y Aunque Michael Jordan es un jugador de baloncesto fenomenal, nadie quisiera ser como él en el béisbol. ¿Por qué? Aquello era el enfoque equivocado.

Cuando usted se enfoca, cuando todas sus energías se juntan en un punto, ocurren grandes cosas. Sus esfuerzos concentrados generan productividad. Para ilustrarlo, la Madre Teresa fue una gran auxiliadora de la gente necesitada. Sin embargo, ella no trabajó por todos los menesterosos . Ella se concentró en un núcleo de personas de Calcuta, y desde ese punto focal se convirtió en una gran influencia en el mundo entero. La Madre Teresa sólo podía estar en un lugar a la vez. Sin embargo, al enfocarse en una sola cosa, logró influir en muchas personas en distintos lugares de forma asincrónica en el tiempo. La clave estuvo en enfocarse. Otro ejemplo es Bill Gates III de Microsoft. Él se concentró en el software —no en hacer computadores— así su compañía se ha convertido en la fuerza guiadora en la nueva economía.

Cierto diccionario define enfoque como "La habilidad de definir, de ajustar los ojos para que la imagen se haga clara". El enfoque nos ayuda a ajustar nuestros pensamientos y nuestras fuerzas de forma tal que algo no solamente se haga claro, sino también alcanzable en la vida. El éxito se alcanza con las oportunidades en las cuales nos enfocamos. Uno sólo puede dar en el blanco de los objetivos hacia los cuales apunta y sólo puede ser una influencia únicamente en el área en la cual se enfoca. ¿Por qué es tan admirado Tiger Woods? La respuesta es: enfoque. ¿Por qué logran ser tan exitosas y tan influyentes tantas personas en diferentes campos de la vida? Porque se enfocan. El enfoque nos da la ventaja de hacernos expertos en lo que hacemos.

"El éxito se alcanza con las oportunidades en las cuales nos enfocamos. Uno sólo puede dar en el blanco de los objetivos hacia los cuales apunta".

La milla extra

El tercer elemento es el principio de la milla extra. El éxito, la riqueza y la influencia nunca se construyen en los promedios. Estos se construyen cuando se camina la milla extra. Si usted únicamente hace lo que siempre ha hecho. Usted siempre obtendrá lo que siempre ha obtenido. De modo que si usted desea sacarle el mayor beneficio a una oportunidad, deberá caminar la milla extra, no hacer simplemente lo que todo el mundo hace.

Alguien comentó alguna vez que de todas las faltas que cometemos los seres humanos la que más excusamos es la pereza. La ociosidad no produce logros, andar la milla extra sí.

La dilación mata a la oportunidad

¿Cuáles son algunos enemigos de la milla extra? La pereza y la dilación. El posponer las cosas constantemente en vez de andar la milla extra del logro, mata los sueños, las esperanzas, las visiones, la riqueza y hasta el bienestar.

Por ejemplo, si alguien le da la oportunidad de unirse a un gimnasio, con todos los gastos pagos, y con un entrenador personal, ¿haría usted lo que la mayoría de personas hace —decir que es una gran oportunidad y luego posponer el asunto para otro día? ¿Iría usted la milla extra —se levantaría temprano se vestiría, enfrentaría el frío y haría el esfuerzo? La oportunidad está ahí, el entrenador está ahí, y el gimnasio está ahí. Todo está ahí. Lo único que le detiene de sacar plena ventaja de la oportunidad es la dilación. La dilación mata la oportunidad. En vez de reclinarse en su silla, vaya la milla extra y aproveche la oportunidad.

La pereza es otro de los enemigos de la milla extra. Los perezosos siempre están deseando hacer algo, cuando en realidad, todo lo que necesitan hacer es aprovechar las oportunidades que tienen a su alcance y andar la milla extra. La pereza hace que las personas siempre deseen hacer algo, pero nunca lo emprenden. Una cosa es segura, si usted vence la pereza y va la milla extra, estará en posición de sacarle el mayor provecho a la oportunidad. La milla extra, amigos, no es un camino confuso. A veces puede ser un camino solitario, pero las recompensas sobrepasan los caminos confusos de la indiferencia, la pereza y la dilación.

En la historia de Australia, hay un gran suceso. Muchos de ustedes probablemente no estén al tanto de que la liberación de Beerseba en medio oriente ocurrió por la acción valiente de 800 jinetes de caballería ligera. Aquella fue una victoria que Napoleón no logró alcanzar. Tampoco se logró con las fuerzas combinadas de 11 cruzadas diferentes. En cambio, lo aparentemente imposible sucedió cuando un grupo de hombres jóvenes anduvieron la milla extra.

Alguien me dijo alguna vez que la razón por la que los Australianos tomaron Beersheba es que su prefijo es la palabra beer (cerveza). Aunque no dudo eso, quiero que lean la siguiente historia escrita por mi amigo Col Stringer.

Jinetes de caballería ligera liberan Jerusalén

La nación más joven del mundo liberó la capital de una de las naciones más antiguas de la Tierra, Jerusalén, la cual estuvo bajo la gobernación musulmana durante casi 1.600 años.

En la Primera Guerra Mundial 800 jinetes australianos liberaron la Ciudad Santa y la ciudad escogida de Dios —Jerusalén— de casi 1600 años de dominación musulmana.

En el oriente medio, los turcos dominaban la fortaleza de Gaza-Beerseba. Cualquier ejército invasor debía viajar varios días por la región árida del desierto del Sinaí, bajo el sol agotador, para poder atacar Beerseba.

Todo lo que los turcos tenían que hacer era resistir el ataque por un día hasta que los invasores tuvieran que regresar por agua y empezaran a morir por el calor del desierto, como de hecho, había ocurrido con muchos ejércitos anteriormente.

A diferencia de la caballería de la Edad Media, los jinetes avanzaron hacia el lugar de la batalla, se desmontaron y pelearon contra el enemigo cuerpo a cuerpo. Eso era lo que el enemigo preveía que pasaría.

Los jinetes se regían por un código oral de ética; ¡nunca debes dejar a tu compañero sin importar lo que pueda pasar! Se caracterizaban por su habilidad para pensar y actuar en momentos de presión. Buscaban la oportunidad de vencer los impedimentos.

Los jinetes debían intentar hacer lo que sería impensable en los tiempos de las guerras modernas, una carga de caballería a lo largo de 6 kilómetros de terreno plano frente a las ametralladoras y cañones de artillería de 4.500 soldados enemigos.

A medida que el sol se ocultaba, al finalizar aquel 31 de octubre de 1917, los jinetes de caballería liviana aprovecharon la oportunidad y emprendieron el ataque.

La velocidad y la tenacidad del ataque tomó al enemigo por sorpresa. Las ametralladoras y la carga de artillería no pudieron responder con presteza a medida que las balas y los proyectiles zumbaban por encima de las cabezas de los australianos.

Los jinetes de caballería ligera obtuvieron lo que no lograron 11 cruzadas diferentes con las fuerzas combinadas de cinco naciones europeas. Lograron lo que el ingenio militar de Napoleón no pudo en su día, y lo que 58.000 soldados británicos no alcanzaron.

Los primeros escuadrones de los jinetes ligeros atacaron las trincheras de los enemigos justo en Beerseba. Por primera vez en 400 años se abrió la ruta a Jerusalén. Así acabaron con 600 años de tiranía contra los cristianos y los judíos.

Más tarde en Jerusalén un soldado de ANZAC subió a la cima de la Torre de David y ondeó la bandera judía por primera vez en siglos.

Una de mis citas favoritas de Winston Churchill es esta: "El esfuerzo continuo, no la fuerza, ni la inteligencia, es la clave para liberar todo su potencial". No se trata de "dar en el blanco una vez", lo que conduce al éxito. ¿Se imagina lo que pasaría en el matrimonio si ese enfoque fuera cierto? No se puede tener un gran matrimonio con una sola conversación, ni con un solo regalo. Se trata de un esfuerzo continuo, de comunicación continua. Los matrimonios necesitan monitoreo constante, de caminar continuamente la milla extra, de perseverar a través de las dificultades. La fuerza de un matrimonio se consolida en los tiempos de perseverancia y en la habilidad para permanecer, no cuando todas las cosas van bien.

"El esfuerzo continuo, no la fuerza, ni la inteligencia, es la clave para liberar todo su potencial".
-Winston Churchill

Piense en los diamantes. Los diamantes son trozos de carbón que se hacen hermosos por la presión del tiempo. De la misma manera, nuestro carácter se hace igual de precioso si nos mantenemos firmes a pesar de las dificultades. Napoleón Hill dijo, "El esfuerzo sólo da su recompensa luego de que la persona ha rehusado darse por vencida".

CAPÍTULO CUATRO

NUNCA, NUNCA DESFALLEZCA

La genialidad que deslumbra a los humanos, no es sino perseverancia disfrazada.
H. W. Austin

Los seres humanos tendemos a perder las cosas con facilidad y a ganar mediante el esfuerzo y el trabajo duro. Con frecuencia cuando alguien dice, "Me gustaría haber tenido esa oportunidad", lo que realmente quiere decir es que ha perdido esa misma oportunidad. Perder una oportunidad, sin embargo, no significa el fin. Más bien representa un nuevo comienzo.

En el año 1996, Greg Norman, el gran golfista Australiano, conocido afectuosamente como "el gran tiburón blanco", estaba ante la posibilidad de ganar el Abierto de Estados Unidos. Una proeza que, a pesar de sus muchos triunfos, todavía no había logrado alcanzar. Norman les llevaba bastante ventaja a los otros jugadores. Los medios estaban a la expectativa de su victoria, cuando de forma inexplicable, su juego no fue favorable y la famosa chaqueta verde le eludió una vez más. Al día siguiente los titulares de los periódicos decían: "El tiburón no puede nadar", "El tiburón se hundió", y "El tiburón perdió su mordida". Al final de todo, él dijo, "Soy un ganador. Yo perdí hoy, pero no soy un perdedor en la vida. He ganado y he perdido torneos. Tal vez algo bueno está por suceder. Esto es tan sólo una prueba".

> "Mientras que las personas exitosas van en busca de las oportunidades, la mayoría de las demás se detienen a esperar a que una oportunidad venga a ellas".

Norman entendió que la pérdida de una oportunidad no significaba la pérdida de todas las oportunidades. Las oportunidades abundan. Si perdió una oportunidad, alístese, porque otra viene en camino.

En la actualidad, con los cambios en la manera como la gente está haciendo negocios, las oportunidades abundan para que todos logren el éxito. Necesitamos comprender que quienes le sacan el mayor provecho a las oportunidades, HAN hecho lo mejor posible, de modo que no es demasiado tarde para comenzar a buscar una oportunidad ahora mismo. Estas personas no han dilatado el uso de esas oportunidades. Y mientras que las personas exitosas van en busca de nuevas posibilidades, la mayoría de las demás se detienen a esperar a que una oportunidad venga a ellas.

De hecho, las oportunidades nunca se desperdician —"alguien más aprovechará aquellas que usted pierda". Así que si usted no desea continuar perdiéndoselas, debe tomar algunas decisiones. Decida que no desaprovechará la siguiente oportunidad. Decida que va a prepararse para la próxima. Decida que no va a darse por vencido.

La soprano de ópera Beverly Sills, resume de forma hermosa los temores de muchas personas cuando dice, "Usted se sentirá desilusionado si fracasa, pero se sentirá condenado si no lo intenta". Cualquier persona que elija no abandonar sus sueños está en vías de alcanzar nuevos niveles de oportunidad y éxito. Me gusta mucho esta cita brillante hecha por el reconocido antropólogo William Stron, "La única vez que usted no falla es la última vez que usted intenta algo y funciona". La mayoría de las personas se dan por vencidas ante las oportunidades sin siquiera intentarlo. Se rinden antes de darse a sí mismos el beneficio de intentarlo.

¿Qué implica, entonces, no darse por vencido? Implica tener una mente resuelta. Es sorprendente que nuestras mentes pueden resolverse a hacer algo o no hacerlo. Desarrollar una mente que no se dé por vencida nos ayuda superar el pasado a fin de lograr aciertos en la vida. El autor y comentador George E. Woodbury dijo, "La derrota no es el peor de los fracasos, el verdadero fracaso es no haberlo intentado".

Aquí hay tres claves para ayudarle a resistir el impulso de darse por vencido.

Continúe intentándolo

La primera clave es, si ha fallado, continúe intentándolo. Antes de concretarse un gran descubrimiento en el campo de la medicina, o la cura de alguna aflicción física, siempre ha habido un elemento en común —todos estos han sido precedidos por el fracaso. Los científicos y los médicos han experimentado fracasos antes de lograr el éxito. Pero la otra cosa en común es que estos no se han dado por vencidos. Ed Fredrick Douglas, defensor estadounidense de las libertades civiles, lo expresó del siguiente modo: "Si no hay esfuerzo, no hay progreso". Cuanto mayor sea el esfuerzo, mayor será la dulzura de la victoria.

> "Antes de concretarse un gran descubrimiento en el campo de la medicina, o la cura de alguna aflicción física, siempre ha habido un elemento en común —todos estos han sido precedidos por el fracaso".

¿Qué satisfacción habría si el viaje hacia nuestros logros fuera en un crucero de lujo? ¡Absolutamente ninguna! El disfrute máximo proviene del esfuerzo y del logro —ese sentimiento de autovalía surge después de hacer lo que otros no hicieron o dijeron que era imposible. Cuando ellos fracasaron y abandonaron la lucha, usted no se dio por vencido. El aguante es una de las grandes cualidades de los triunfadores. Desarrolle la habilidad, como una pelota de caucho, de continuar rebotando. El reformador social británico. Thomas Buxton, dijo, "Cuando se tiene un talento común, pero una perseverancia extraordinaria, se pueden lograr todas las cosas".

Mi amigo, Brian Houston, conferencista internacional y pastor de la iglesia más grande de Australia, dice que en la vida, la gente aprende de tres maneras distintas. La mejor manera de aprender es a través de los errores de otros. La segunda mejor manera de aprender es de los errores propios, y ¿cuál es la tercera forma de aprender? De acuerdo a Brian, la peor manera de aprender es que la gente no aprenda de los errores de otros ni de los errores propios. Amigos míos, no repitan los errores de otros, ellos desaprovecharon la oportunidad. No deje perder sus propias oportunidades, aprenda de sus propios errores.

¿Cuántas oportunidades ha desaprovechado usted? Pregúntese, ¿existe la posibilidad de regresar y aprovechar la oportunidad? Si así es, hágalo. En este momento, posiblemente alguien ha creado una oportunidad para usted. ¿La está aprovechando o desaprovechando? No repita los mismos errores dejando una y otra vez que las oportunidades se pierdan. Aprenda de sus errores. Es una gran tragedia que alguien no aprenda de sus propios errores ni de los errores de los demás. Aprenda de la historia y no desaproveche ninguna oportunidad. Aprenda de su propia experiencia y no se dé por vencido. Aproveche las oportunidades que se le presenten.

> "La mayoría de los hombres experimentan el fracaso por su falta de persistencia para crear nuevas oportunidades y reemplazar las que no han funcionado".
> —Napoleón Hill

Una cita de Napoleón Hill lo resume bien: "La mayoría de los hombres experimentan el fracaso por su falta de persistencia para crear nuevas oportunidades y reemplazar las que no han funcionado". ¿Qué oportunidades, qué planes nuevos, qué nuevas formas de hacer las cosas, cuáles nuevas fuentes de ingreso, qué nuevas estrategias y planes existen ahora que no existían hace 10 ó 20 años atrás? Estos planes han sido creados para usted para superar los planes pasados que no hayan funcionado. Estas oportunidades crearán otras nuevas en el futuro. La clave está en aprovechar ahora.

¿Implican las oportunidades algún riesgo? ¡Por supuesto que sí! ¿Estarán las oportunidades siempre disponibles? Tal vez no. ¿Existe la posibilidad de fracasar? Sí. ¿Hay alguna posibilidad de alcanzar el éxito? Así es. La clave está en hacer uso de las oportunidades a nuestro alcance.

Nunca rebaje su objetivo

La siguiente clave para redimir las oportunidades perdidas es nunca rebaje su objetivo. ¿A dónde desea llegar usted? ¿Cómo desea su futuro? ¿Cuál es su sueño? Ahora piense en cómo desea llegar allá. ¿Qué mecanismo, plan, estrategia o negocio tiene usted en la actualidad para conducirle a ese futuro? Si no tiene uno, debe encontrarlo. Usted va a ser exitoso en alcanzar su futuro si cuenta con el mecanismo apropiado, el vehículo correcto para llegar allá.

La mayoría de las personas desean ser ricas. No conozco a nadie que no desee o no necesite tener más dinero. Pero cuando se trata de ganar más, muchas personas piensan en ganar en el casino, en la lotería, o el premio millonario de la televisión. Eso, mis queridos amigos, es vivir en la fantasía. Estas personas tienen un gran sueño, pero no tienen ninguna estrategia para lograrlo.

> "Si desea ser exitoso, busque a alguien que pueda ser su modelo".

Usted tiene que apuntar alto y luego trabajar en una estrategia para lograrlo. Inicie ubicándose en una posición que acreciente la riqueza para usted. Aprenda a derivar ingresos que le ayuden a construir una base sólida desde la cual pueda continuar aumentando su capital. Busque la asesoría de personas que estén en la situación que usted desea alcanzar.

El mejor conferencista sobre motivación y los mejores gerentes del mundo siempre nos dirán, "Si desea ser exitoso, busque a alguien que pueda ser su modelo". En mi vida yo he tenido modelos a seguir fantásticos a quienes deseo seguir. Pienso en héroes como Billy Graham, Nelson Mandela, y Martin Luther King Jr. Todos ellos apuntaron alto y lograron lo imposible. Todos ellos también tenían a alguien como modelo. Crearon un vehículo para llegar a su destino… y usted debe hacer lo mismo.

Usted deberá señalar alto. Mucho más alto de lo normal. Si todo lo que hacemos es apuntar al promedio, lo que habremos de conseguir será ese mismo promedio. Por lo general, conseguimos un poquito menos o un poquito más de aquello, hacia lo cual apuntamos. Entonces apunte bien alto, planee estratégicamente y actúe con decisión. Necesitamos entrenar duro para poder ganar más fácilmente.

"Lo que usted hace con su tiempo es lo que determina el tipo de vida que tenga".

Una de nuestras grandes atletas olímpicas en Australia es una mujer cuyo nombre es Melinda Gainsford-Taylor. Melinda es conocida por practicar su atletismo, llevando una rueda de automóvil a sus espaldas. Ahora, permítanme hacer la siguiente pregunta: ¿participa Melinda en los juegos olímpicos llevando una rueda atada a su cuerpo? La respuesta es no, pero ello implica que ella se fortalece corriendo de esa manera, de modo que cuando corre en una competencia, puede ganar de forma más fácil.

Amigos, es imperativo aprender que debemos entrenar para lograr alcanzar nuestras metas. Entrenar duro hace que ganar sea simple. Los atletas de alto desempeño, así como los nadadores, los jugadores de fútbol o de baloncesto entrenan más de lo que realmente compiten. Cada semana invierten muchas horas en levantamiento de pesas, carreras, manejo con la pelota, y lanzamientos a la cesta. ¿Por qué lo hacen? Porque si entrenan fuerte, pueden ganar más fácilmente, y no se dan por vencidos antes de ganar.

Hace algunos años, mi equipo favorito de fútbol en Australia tenía muy pocas probabilidades de pasar a la ronda de las semifinales. Al principio del año, estaban odiando a su entrenador de resistencia. Cuando otros equipos estaban descansando su entrenador les hacía correr carreras extras. En la temporada de descanso se les veía correr por la playa. Les hizo entrenamiento de atletismo, y los obligó a hacer entrenamiento de pesas. Los muchachos terminaron odiando a Billy Johnson. Pero al finalizar el año, en los partidos de desempate, cuando los juegos tenían que extenderse por un tiempo extra, el equipo ganó, y no sólo lo hicieron bien, sino que lo hicieron de forma excelente. Su percepción por el entrenador cambió, cuando finalizaban los partidos y los jugadores evidenciaban mayor fortaleza física, en contraste con sus cansados oponentes. Ellos habían entrenado más de lo habitual y estaban en condiciones de tener un mayor desempeño. Entrenaron duro para ganar de forma fácil. No tomaron atajos, ni cortaron en las esquinas, y nunca se dieron por vencidos. Cuando otros descansaban, ellos trabajaban duro. Con el tiempo, aquello les trajo una victoria increíble y el respeto de sus oponentes. Recuerde: ¡entrene duro, no se dé por vencido! La perseverancia no es un asunto de carreras largas, se trata de carreras cortas, unas tras otras.

"La perseverancia no es un asunto de carreras largas, se trata de carreras cortas, unas tras otras".

Recupere el tiempo perdido

La siguiente clave es recuperar el tiempo perdido. Una de mis observaciones de la vida en general es esta: la gente que sale adelante lo hace en los momentos en que los demás están desperdiciando el tiempo. Piense en cuántas personas en el planeta que son los operarios

> "El tiempo es un don que todos tenemos, de modo que necesitamos utilizarlo sabiamente".

más rápidos del control remoto no pueden encontrar la manera de controlar su situación financiera. Todos tenemos disponibles 24 horas al día, sin embargo, algunas personas logran mucho más que los demás. Algunas personas logran más en una hora que lo que la mayoría de las personas logran en un mes de trabajo. La gente pudiera decir, "Eso no es justo". Pero ciertamente es justo. Es justo porque hay quienes desperdician su tiempo y hay otros que le sacan el máximo provecho.

El tiempo es un don que todos tenemos, de modo que necesitamos utilizarlo de forma sabia, efectiva, eficiente y oportuna. Lo que usted haga con su tiempo determina el tipo de vida que tenga. Lo que haga con las oportunidades que se le den, en el momento en que se le den determina su éxito o su fracaso.

Como conferencista, he notado que algunas personas tienen 60 minutos para tratar un tema y al final le dejan preguntándose qué fue lo que quisieron decir. Otros tienen 10 minutos y le dejan a uno pensando en un mensaje increíble, sentado al borde de la silla y pidiendo más. Yo pienso que la diferencia consiste en la cantidad de tiempo que la gente invierte en la preparación de su exposición. Y lo mismo ocurre con la vida. La cantidad de tiempo que usted invierte en trabajar por su oportunidad, en construirla, en investigar sobre ella, en planearla, determinará si esta se convierte en un éxito o en un fracaso. De usted depende...

CAPÍTULO CINCO

RESUÉLVASE A SER DECISIVO

La decisión es una navaja afilada que corta suavemente. La indecisión es una que corta a tajos y deja bordes desgarrados tras de sí.

Gordon Graham

Hace algún tiempo, la premiada cantante Gloria Estefan, hizo una declaración brillante en una de sus canciones: "Sellamos nuestro destino con las decisiones que tomamos". Nuestras decisiones determinan nuestro destino. Los deseos no determinan nuestro destino. Los anhelos no hacen realidad los sueños. No obstante, las decisiones determinan nuestros sueños y nuestros deseos.

Todos los días tomamos decisiones. A veces ni siquiera nos damos cuenta que las estamos tomando. Levantarse de la cama en la mañana es una decisión. ¡Para muchas personas esto de por sí ya es un gran milagro! Pero para la mayoría de nosotros es una opción a la cual no le dedicamos nuestra consideración. Ir al trabajo es una decisión. Casarse es otra elección. Las decisiones son un aspecto diario de la vida, pero muy pocas personas prestan atención a las decisiones que hacen. De hecho, yo diría que la mayoría de las personas prestan poca o ninguna atención a las decisiones que toman y como resultado no viven la vida que realmente quieren vivir. Al contrario, viven la vida que la falta de decisión o la casualidad escogen para ellos. Lo que usted escoja es lo que determina su conducta, su situación financiera, y sus amigos.

Para ir en pos de las oportunidades en la vida y maximizar su potencial, debemos ser personas de decisión. La historia está llena de personas que han estado frente a frente las oportunidades. Muchos han tomado excelentes decisiones. Sin embargo, algunos han tomado decisiones pobres y han tenido que soportar las consecuencias. Los manuscritos de la película y del libro: *Lo que el viento se llevó* al principio, fueron rechazados. Aquellas fueron decisiones mal tomadas. El Titanic es otro ejemplo famoso de una serie de decisiones ridículas y desastrosas por las cuales muchos pagaron el precio final.

Todos somos responsables de nuestro comportamiento. Cuando lo elegimos decidimos las consecuencias y las circunstancias de la vida. Cuando aceptamos esta ley dejamos de ser evasivos y de preguntarnos por qué nuestra vida es como es. Ahora bien, es probable que usted diga, "Espere un minuto, Pat. Eso me dolió. Yo he enfrentado un divorcio. He tenido fracasos en los negocios. Yo he...". Esa puede ser la situación. ¿Es usted el responsable de esas heridas? NO. ¿Es usted el responsable de todos esos sucesos? SÍ.

"Necesitamos aprender a decidir 'mejor' de modo que podamos vivir 'mejor' y tengamos 'mejores' resultados".

Sin importar qué sea lo que nos haya sucedido y cuáles sean las circunstancias, debemos aceptar que nuestras decisiones determinarán el resultado de nuestra vida. Y sea que decidamos aceptarlo o no, nosotros somos los dueños de nuestros sentimientos —son nuestros y de nadie más. Sentirnos como nos sentimos, vivir como vivimos, es una decisión única y exclusivamente que hacemos cada uno de nosotros. Necesitamos aprender a decidir "mejor" de modo que podamos vivir "mejor" y tengamos "mejores" resultados.

Si a mí no me gusta mi trabajo, necesito tomar la decisión correcta. Si no me siento contento con mi peso, necesito tomar la decisión correcta. Si yo no confío en las personas, necesito tomar la decisión de construir la confianza. Si no soy feliz, puedo elegir cambiar.

La culpa

Muchas personas culpan a otros por sus problemas, trátese del cónyuge, un compañero de trabajo, o a la falta de oportunidades. Cuando culpamos a otros renunciamos a nuestra responsabilidad de cambiar. Lo que en realidad está sucediendo en esos casos es que las personas están evitando definir el problema real. Un problema bien definido es un problema resuelto. Si no realizamos el diagnóstico correcto, no vamos a tratar el problema de la forma correcta. Así, las cosas nunca van a mejorar.

Pregúntese: ¿Qué es lo que no me gusta de mi vida? ¿Qué puedo hacer para cambiar la situación? ¿Cómo fue que terminé envuelto en esta situación? ¿No confié lo suficiente? ¿No fui lo suficientemente claro respecto a lo que quería? ¿Fallé al no fijar metas definidas? ¿Elegí asociarme con la persona equivocada en el momento equivocado? ¿Escogí un mal momento? ¿Fallé en declararme a favor de lo que considero correcto? ¿Fallé en solicitar lo que realmente quería? ¿No pedí lo suficiente? ¿Fallé en actuar cuando debía hacerlo? ¿Estuve dilatando las cosas? Tenemos que asumir la responsabilidad por las decisiones que tomemos y que en últimas determinan las oportunidades que tendremos.

Detenga el juego de la culpa

Un dicho popular afirma: "Conocerán la verdad y la verdad los libertará". Enfrentar la verdad es una decisión que debemos tomar. La naturaleza humana tiende a culpar a los demás. Culpar a otros es un mecanismo de escape y un tipo de autoconservación. No queremos que los resultados negativos sean nuestra responsabilidad, así que racionalizamos nuestras acciones y llegamos al extremo de culpar a otros. Pero esa forma de actuar no resuelve nada. Es su vida, es su situación financiera, son sus sentimientos. Por lo tanto, usted debe tomar las decisiones acertadas que le beneficien y que afecten positivamente su futuro. Peter Drucker, uno de los pensadores progresistas más desta-

"Una vez que los hechos sean claros, podrán venir las decisiones correctas".
—Peter Drucker

cados del siglo XX en el ámbito de los negocios, lo expresa de la siguiente manera, "Una vez que los hechos sean claros, podrán venir las decisiones correctas".

Recuerdo la ocasión en la que perdí las llaves de mi auto. Todo esposo, cuando pierde las llaves de su auto, piensa que su esposa las tiene. Bien, mi esposa y yo las buscamos por todas partes. Buscamos alrededor de toda la casa; en los cajones, en los armarios, en medio de los sofás de la sala, pero no encontramos las llaves. ¿Por qué? Porque no estaban en la casa. ¡Las había dejado dentro del auto! Cuando culpamos a otros ocurre exactamente lo mismo. Intentamos hallar culpables donde no los hay.

Usted es quien toma las decisiones, quien dice las palabras, llega a los acuerdos, renuncia, retiene sus palabras, liquida sus sueños, elige su trabajo, permite que la gente le trate como lo hace, se siente rechazado, confía en quien no debe confiar. Usted elige cómo sentirse, cómo reaccionar y cómo manejar lo inesperado. El editor, ensayista y novelista americano, E. W. Howe, declaró, "La gente imagina Alpes imponentes, pero muere en las colinas maldiciendo las dificultades que nunca existieron". Cuando culpamos a otros, estamos utilizando energías que pudiéramos estar aplicando para superar el verdadero problema.

> "La gente imagina Alpes imponentes, pero muere en las colinas maldiciendo las dificultades que nunca existieron".
> —E. W. Howe

Todos somos más responsables de nuestras decisiones de lo que pensamos. La gente desea tener un futuro exitoso, sin embargo, todas las noches se sientan frente al televisor a vegetar, en vez de levantarse y construir ese futuro. La gente desea tener un mejor matrimonio, ¿qué hacen? Se sientan a ver refritos de novelas en vez de pasar tiempo con la familia y con los hijos. No pasa mucho tiempo antes de que esto se convierta en un patrón de comportamiento. Infortunadamente, parte de nuestro comportamiento se vuelve automático. Dejamos de prestarle atención y dejamos de evaluar su impacto emocional o financiero en nuestras vidas.

Los problemas no van a desaparecer, las dificultades económicas no van a desaparecer, y no van a mejorar solamente porque pase el tiempo, a menos que tomemos la decisión de cambiar las cosas. Cuando no reconocemos que algo anda mal o que algo no está donde debería estar, sólo va a hacer que empeoren las cosas. Cuando reconocemos que hay cosas que no andan bien en nuestra vida aprovechamos la oportunidad de tomar decisiones que cambiarán el curso de nuestra vida.

El famoso explorador David Livingstone dijo una vez, "Estoy listo para ir a cualquier parte, con tal que ello signifique avanzar". Si usted desea asirse de las oportunidades que se le presenten, entonces debe tomar la misma decisión

—avanzar hacia delante. Usted deberá decidir crear el futuro que desea. Quienes no lo hagan obtendrán el futuro que les sobrevenga.

Haga lo que otros no están dispuestos a hacer

Yo considero que la diferencia entre los ganadores y los perdedores, es que los ganadores emprenden la acción y toman decisiones que los perdedores no quieren emprender o tomar. Como sucede con los atletas, necesitamos revisar el desempeño de nuestra vida a la luz de los resultados. Cuando hacemos esto, no aceptemos excusas. No hay razón para que no logremos alcanzar nuestras metas.

Nada de nuestra vida va a cambiar a menos que empecemos a hacer las cosas de modo diferente. Si usted quiere conseguir algo que nunca ha tenido, entonces tendrá que hacer algo que nunca haya hecho. El ex secretario de Estado estadounidense, John Foster Dulles dijo, "La medida del éxito no es si usted enfrenta un gran problema o no, sino si es el mismo problema que usted tenía el año pasado".

Si usted se haya luchando con los mismos problemas, obstáculos, situaciones financieras, y hábitos con los que luchaba hace diez, cinco, o un año atrás, entonces no ha tomado la decisión de liberarse de estos y tomar las oportunidades que le da la vida.

> "La medida del éxito no es si usted enfrenta un gran problema o no, sino si es el mismo problema que usted tenía el año pasado".
> -John Foster Dulles

Es un error pensar que la vida va a mejorar cuando no se

han tomado decisiones en pro de ese mejoramiento. Yo personalmente creo que la mejor manera de anticipar resultados y vivir el futuro que deseamos, consiste en tomar la decisión de crear ese futuro. Ghandi lo expresó del siguiente modo: "Tenemos que convertirnos en el cambio que esperamos ver en el mundo mediante tomar acción".

Es muy común pensar que las vidas de las personas son mejores porque han tenido la suerte de su lado, o porque han estado en un entorno de riqueza y que han nacido con una cuchara de plata en la boca. Alguien pudo haber nacido con una cuchara de plata en la boca, o como en mi caso, con una cuchara de madera, pero todo eso es irrelevante. Lo que importa es las decisiones que tomamos para aprovechar las oportunidades que se presentan en nuestro camino. Cuando uno lo hace, estas se convierten en un mecanismo poderoso de lanzamiento para construir el futuro que deseamos y posibilitar un mejor futuro para los demás.

Recientemente estuve leyendo un artículo que describía lo que en muchos casos ha sucedido con las fortunas que los millonarios han dejado a sus hijos. En la mayoría de las situaciones dichas riquezas han sido despilfarradas y desperdiciadas. Estos hijos tuvieron la oportunidad de mejorar más su situación, de aumentar las finanzas heredadas. Pero debido a malas decisiones, perdieron los recursos que se les otorgaron. ¡Qué oportunidad! No obstante, las decisiones hicieron que perdieran la mina de oro que habían heredado.

Imite a Mike: tome una decisión

Nuestra vida está rodeada por un entorno de oportunidades. Algunas personas toman la decisión de utilizar ese entorno, mientras que otras deciden abandonarlo. Un gran ejemplo del siglo XX es el héroe más grande de los deportes, Michael Jordan. Cuando Jordan saltaba por el aire para recoger una bola, parecía como si el tiempo se detuviera por un momento. Muchos han descrito esa habilidad como "mágica". Los chicos quieren ser como Mike. En la cima de su carrera Michael tuvo muchas oportunidades que se le presentaron —contratos multimillonarios y agencias de publicidad que querían contar con su respaldo. No obstante, la vida de Michael no siempre estuvo llena de oportunidades. De hecho, fue despedido de su equipo de baloncesto en la secundaria.

"Nuestra vida está rodeada por un entorno de oportunidades. Algunas personas toman la decisión de utilizar ese entorno, mientras que otras deciden abandonarlo".

Gloria Estefan puede mover muchedumbres enteras. Junto con su banda, puede hacer que una audiencia se ponga de pie, aplauda y baile, con simplemente cantar unas cuantas notas.

Todo pareciera indicar que estas personas simplemente tenían el éxito a sus pies; o que tuvieron un gran momento de suerte. Tal vez solo estuvieron en el lugar correcto en el momento justo. Alguien puede tener todos esos factores. Puede estar en el lugar correcto en el momento correcto. Pero esto es lo que separa a las Gloria Estefan o a los Michael Jordan de las demás personas exitosas de nuestro mundo —ellos tomaron la decisión de aprovechar las oportunidades que les fueron dadas. Eligieron vivir no pensando en sus errores o en sus temores del pasado. Decidieron vivir los sueños de su niñez.

Cuando enfrentaron la adversidad decidieron no abandonar sus sueños. Como lo mencioné antes Michael Jordan fue despedido de su equipo de baloncesto en la secundaria, de modo que necesitó convertirse en manager del equipo para poder practicar con el resto de los jugadores. Él dice de aquellos días, "De todos mis compañeros yo era el que menos posibilidades tenía para lograr el éxito".

> "Siempre es demasiado temprano para desistir de alcanzar nuestros sueños".

En la cúspide de su carrera Gloria Estefan sufrió un terrible accidente de tráfico que le afectó su espalda, lo que le condujo a ser sometida a una intensa terapia física para poder volver a los escenarios.

Siempre es demasiado pronto para desistir de alcanzar nuestros sueños. Imagine si Neil Armstrong hubiera desistido del sueño de su niñez de lograr algo grandioso en la aviación. No hubiera podido ser el primer ser humano en pisar la superficie de la Luna.

Las oportunidades subyacen dentro de nosotros desde nuestros días más tempranos. Cuando era niña,

Barbara Streisand no podía pensar en otra cosa sino en convertirse en una artista profesional. Andrew Lloyd Webber, famoso por sus producciones como *El fantasma de la ópera y Evita*, dedicaba horas en su niñez a elaborar escenografías para sus programas de títeres y así, entretener a su familia.

¡Siempre es demasiado pronto para decidir abandonar las oportunidades!

Ahora permítanme dar un ejemplo personal. Yo escribo libros y doy conferencias alrededor del mundo, porque hacerlo nutre mi sueño de ayudar a otros. Por esa misma razón, me convertí en director ejecutivo en un centro de rehabilitación para jóvenes que sufren de la adicción a las drogas. El centro recibe a muchos jóvenes provenientes de todo el estado donde resido. Todos los días, mis "muchachos" como les llamo, tienen que tomar decisiones en la vida que probablemente usted y yo nunca tengamos que tomar. Tienen que decidir no volver a una vida de delito y de adicción. Tienen que decidir permanecer una larga temporada en el programa de rehabilitación. Tienen que perseverar en la lectura de algunos libros sobre desarrollo personal, y todo ello a pesar de que muchos de ellos no tienen una mente inclinada por asuntos académicos ni las mejores destrezas estudiantiles. Todo ello implica una decisión difícil, pero necesariamente toman la decisión.

Yo he podido ver que estos jóvenes se han convertido en ciudadanos sobresalientes porque han tomado la decisión de abrirse ante una ventana de oportunidades ante sus ojos. Alguien les ha dado la posibilidad de recomponer su vida, romper con su adicción y entrar en una vida de posibilidades. Alguien les ha dado la oportunidad de asumir el control de su vida y de desarrollar las habilidades necesarias para construir un futuro y tener una familia, en vez de vivir una vida caracterizada por el delito.

Algunos de estos jóvenes toman la decisión y se aferran a ella. Cuando lo hacen, muy rara vez alguien regresa a su vida anterior. De hecho, el centro tiene una tasa de un 86 por ciento de éxito en el personal que se adhiere al programa de principio a fin. Estos jóvenes no regresan a su pasado. Los que no continúan en el programa, abandonándolo todo en medio de la oportunidad que se les brinda, generalmente regresan a su anterior estilo de vida. Todo depende de su habilidad para elegir.

"Los que no continúan en el programa, abandonándolo todo en medio de la oportunidad que se les brinda, generalmente regresan a su anterior estilo de vida".

CAPÍTULO SEIS

NO LO TEMA, ¡ENFRÉNTELO!

Los hombres que intentan algo y fracasan son infinitamente mejores que aquellos que no intentan nada y son exitosos.
Dr. Martyn Lloyd-Jones

Venciendo los obstáculos hacia las oportunidades

Franklin D. Roosevelt fue Presidente de los Estados Unidos de América a pesar de que sufrió de poliomielitis. El artista Henri Matisse, creó algunas de sus más grandes obras cuando estaba avanzado en años, postrado en cama y casi ciego. Patty Catalano, una de las corredoras de maratón más destacadas de la historia, superó sus hábitos autodestructivos de comer en exceso y de fumar sin parar, para convertirse en una deportista de primera clase. El padre de Thomas Edison lo llamó zopenco y el director de su escuela le dijo que nunca llegaría a lograr nada exitoso en algún campo. Henry Ford escasamente aprobó la escuela secundaria.

El padre de la cámara Polaroid, Edwin Land, luego de fracasar en desarrollar películas de cine instantáneas, dirigió sus esfuerzos hacia el campo de la fotografía. Describió el desafío que tenía ante sí del siguiente modo: "...intentar utilizar una solución química imposible y una tecnología inexistente, para hacer un producto imposible de fabricar, por el cual no había una demanda predecible". Aquello, en su opinión, facilitó la creación de condiciones óptimas de trabajo para una mente creativa. Aunque la mayoría de nosotros hemos utilizado su invento —el resultado de su perseverancia—y, aún vivimos bajo el poder de los obstáculos, en vez de las ilimitadas posibilidades de la oportunidad.

¿Cuáles son algunos de los obstáculos que la gente teme? Dedique un momento a observar la lista de abajo. Considere sus propios temores, y reflexione en los ejemplos que le acompañan.

(Resalte los que le apliquen a usted.)

No cuento con suficiente educación.	Henry Ford
No conozco a suficientes personas.	Al Gore
Tengo una historia familiar de fracasos.	Abraham Lincoln
Tengo una discapacidad física.	Helen Keller
Soporté abusos cuando era niño.	Oprah Winfrey
Tengo antecedentes judiciales.	Nelson Mandela
Nadie entiende mi sueño.	Walt Disney

Soy demasiado viejo.	Cher (sólo es una broma). A los 82 años, Winston Churchill escribió la historia de los ingleses.
Soy demasiado joven.	Nadia Comaneci, a la edad de 14 años logró un puntaje de 10 en perfección gimnástica, en los olímpicos de Montreal en 1976.
Estoy enfermo	El campeón ciclístico Lance Armstrong.
Todavía no es el tiempo apropiado.	En 1856, el italiano Antonio Meucci, instaló la primera línea telefónica del mundo, aunque nunca comercializó su idea. Poco después, el alemán Johann Philipp Reis inventó un dispositivo al que llamó "teléfono". Casi 20 años después, Alexander Graham Bell creó el teléfono moderno, registró su patente y obtuvo la gloria.

He sido rechazado en el pasado.	El coronel Sanders Abraham Lincoln ... y casi todo el mundo que ha logrado algo.
No soy bueno para comunicarme con la gente.	Moisés

Piense en esto... todas estas excusas y temores, reales o imaginarios, son utilizados por las personas para evadir las oportunidades. Sin embargo, son las mismísimas cosas que pueden catapultar a una persona hacia el éxito.

Enfrente sus temores

El temor es algo terrible. Hace poco, mi buen amigo, Robert Ferguson, prominente pastor y maestro, dio algunas recomendaciones sobre el temor. Dos de los puntos más importantes de los que habló fueron que el temor es utilizado como herramienta para truncar nuestro destino, y que es algo real para quien lo experimenta. Por ejemplo, a mí no me dan miedo las cucarachas, pero a mi esposa y a mis hijas las aterrorizan. Las mujeres me sorprenden —pueden aplicarse cera caliente en su cuerpo y depilarse los vellos de una forma asombrosa, pero sentirse aterrorizadas por una pequeña cucaracha. Mi actitud es, "Tú eres grande, ella es muy pequeña —manéjalo desde esa perspectiva". Lo que les aterroriza a ellas a mí no. Pero su temor a las cucarachas es bastante real para ellas.

Todos podemos enfrentar nuestros temores mediante cambiar nuestro punto de vista sobre las cosas que nos inquietan. Necesitamos un nuevo par de binoculares. Robert Ferguson dice que cuando uno tiene un par de binoculares y mira por ellos a través de los orificios pequeños, la imagen se aumenta. Entonces lo que necesitamos hacer es mirar a nuestros temores a través de los lentes grandes. De esa manera, todo lo demás se verá pequeño y usted se verá grande. La forma como usted se vea a sí mismo afectará la forma en la que usted vea su problema y la forma como los demás lo vean a usted. Cambie sus percepciones para que pueda enfrentar sus temores.

> "Cuando usted tiene un par de binoculares y mira por ellos a través de los orificios pequeños, la imagen se aumenta. Lo que necesitamos hacer es mirar a nuestros temores a través de los lentes grandes".

Rechace el rechazo

¿Y en qué consisten los temores? La mayoría de las personas sienten miedo al rechazo. Le sienten más temor al rechazo del que sienten por perder su oportunidad. Temen que una oportunidad les haga perder amigos, prestigio y vínculos. ¿No es extraño que el éxito pueda atraer a grandes amigos pero que a la vez le haga sentirse rechazado? Recuerdo cuando era niño.

Solíamos jugar en el campo de la escuela y escogíamos a los chicos más "machos" para que jugaran en nuestro equipo. Recuerde a esos niños —los que parecían tener músculos en las uñas. Hacíamos la fila y mirábamos a los líderes del equipo como si dijéramos en silencio, "Escógeme a mí, escógeme a mí". Al final, sólo quedaban dos por escoger, el nerdo y yo —entonces lo escogían a él. ¡Hablemos de sentirse rechazado!

"Infortunadamente, la gente prefiere ser aceptada a ser respetada".

El rechazo comienza cuando somos niños, pero lo traemos a la vida adulta. Todos clamamos por ser aceptados. Infortunadamente, la gente prefiere ser aceptada a ser respetada. A la gente le gusta que los demás sean del promedio. A la gente no les gusta quienes suben hasta la cima. Con todo apreciamos a aquellos cuyos valores son los mismos a los cuales nosotros aspiramos también: coraje, convicción, carácter, iniciativa y disposición para sacarle el mayor provecho a una oportunidad. El temor al rechazo, por el contrario, hace que la gente acepte tener una vida de conformidad y de mediocridad. El temor al rechazo hace que la gente anhele tener aceptación y popularidad. Pero no se puede satisfacer algo que proviene del interior con factores externos como las encuestas de popularidad o las opiniones de otras personas. Tenemos que decidir vivir con propósito y no depender de los caprichos de la popularidad.

"El temor al rechazo hace que la gente deje pasar las oportunidades".

Y dado que muchos no comprenden en realidad quienes son, desperdician las oportunidades por temor al rechazo. Hay una historia que se cuenta de algunos hombres que fueron prisioneros de guerra en un campo de concentración Nazi. Al final de la guerra estos pobres especímenes de sufrimiento humano habían perdido su memoria. No podían recordar sus nombres o a quién pertenecían. Así que se decidió que estos hombres viajaran de salón en salón por toda Europa. Sus fotografías se publicaron y si alguien los reconocía, se posibilitaría el encuentro en uno de los salones de reconocimiento y de encuentro.

Cierto día, el salón estaba abarrotado de personas. Muchos habían venido a recoger a sus hijos, padres, y tíos; todos escasamente reconocibles debido a las injusticias que habían sufrido. Sin embargo, nadie se presentó a recoger a cierto hombre en particular. De modo que el hombre se paró ante la multitud y preguntó, "¿Alguno de ustedes sabe quién soy? ¿Puede alguno de ustedes decirme si pertenezco a alguien?". Ese hombre dijo lo que la mayoría de las personas piensan y sienten. Todos queremos tener un sentido de pertenencia. No hay nada de malo en ello. Pero cuando ese deseo de pertenecer, está por encima del deseo de alcanzar un sueño y de aprovechar una oportunidad, y cuando el temor al rechazo es mayor que el poder de la oportunidad, entonces la persona que está experimentando eso posee un serio problema.

La ecuación trágica es esta:

Autovalía = Desempeño + Las opiniones de otras personas

A cambio de esto, necesitamos vencer el temor al rechazo y aprovecharnos de las oportunidades mediante adoptar esta fórmula:

Autovalía = Identidad resuelta + Declararse a favor de algo + Conectarse a los sueños + Crear una nueva realidad

Ahora demos una mirada a los componentes de la fórmula de la autovalía.

Identidad resuelta

Muchos de nosotros hemos hecho la pregunta, "¿Quién soy yo?" (Observe que la pregunta no está enfocada en qué es lo que hace usted). Consideremos algunas cosas que usted es o puede llegar a ser:

Yo soy exitoso	Yo puedo llegar a ser exitoso
Yo tengo logros	Yo puedo llegar a tener logros
Yo soy un líder	Yo puedo llegar a ser un líder
Yo soy un soñador	Yo puedo llegar a ser un soñador

Lo que acabamos de hacer es definir nuestra identidad. Si usted resuelve que esto es lo que usted es, no necesitará afirmación continua de parte de las personas, y no necesitará permitir que sus sentimientos dictaminen si usted ha de aprovechar una oportunidad o no.

Arnold Schwarzenegger es un ejemplo excelente de dicha resolución y autoafirmación. Él dijo:

> *La mente es el límite. Si la mente puede concebir el hecho de que usted puede lograr algo, entonces puede lograrlo —pero tienes que creer en ello al 100 por ciento. Se trata de la mente sobre la materia. Todo lo que sé es que el primer paso consiste en crear la visión, porque cuando tú logras tener la visión —aquella visión hermosa— se crea el poder del deseo". Por ejemplo, mi deseo de querer ser Mr. Universo surgió porque me vi a mí mismo claramente, allá arriba en el escenario ganador.*

Declárese a favor de algo

Declárese a favor de algo, no se fusione con todo. Me sorprende mucho que la gente quiere ser diferente pero terminan todos siendo los mismos. Hacen negocios de la misma manera que los demás, construyen las mismas casas, y sus creencias son las mismas. Nunca se han dado la oportunidad de ser diferentes, de hacer las cosas de una manera diferente.

Recuerdo que hace unos años fui a una escuela donde había unos 1.200 estudiantes en el auditorio. Hacia la parte delantera del lugar había un grupo de jovencitas en el que todas se parecían a Madonna. (¿Recuerda la época en la que Madonna tenía su cabello como el de Marge Simpson?) Todas las niñas estaban vestidas de la misma manera. Su peinado era el mismo, y el maquillaje (sí, así es) el mismo. Yo les pregunté, "¿Niñas, porqué están ustedes todas vestidas como Madonna?". La jovencita líder contestó, "Porque queremos ser diferentes". Sin embargo, ¡todas ellas eran lo mismo! Ahora es el tiempo de permitirnos ser diferentes y evitar la conformidad. En esta era de precisión política nuestro mundo sufre de conformismo. Sentimos miedo de llamar las cosas por su nombre, y sentimos temor de decir lo que sentimos. También sentimos temor de aprovechar las oportunidades que se nos presentan por nuestra forma de pensar "políticamente correcta". Consideremos, por un momento como definimos algunas cosas:

- Si alguien es bajo de estatura, entonces es alguien con desafíos verticales.
- A los hombres estilizados ahora se les dice personas estilizadas.
- Si alguien tiene mal genio entonces tiene el genio engrandecido.
- Si alguien es adicto a las drogas se dice que está químicamente alterado.
- Si alguien es perezoso, entonces está indispuesto motivacionalmente.

Pero mi favorita es esta:

- Si alguien es ladrón o roba de los almacenes (espere lo que viene), se le llama un comprador no tradicional.

¿Puede usted imaginar que alguien va a la corte siendo acusado de ser un comprador no tradicional para financiar su alteración química, porque estaba indispuesto motivacionalmente hasta el grado de no querer hacer nada con su vida? La gente vive de esa forma, y lo hace por miedo al rechazo, y con ello, sólo consiguen perderse de las oportunidades disponibles en su camino.

El político y editorialista de *NY World,* lo expresó de forma bastante elocuente: "Yo no puedo darte la fórmula para el éxito, pero sí puedo darte la fórmula para el fracaso, la cual consiste en intentar agradar a todo el mundo."

Revele sus sueños

Ocultamos nuestros sueños. Los amamos pero nos sentimos abochornados por ellos. Tal vez sentimos que no somos dignos de ellos. El viejo temor nos detiene —¿Quién se cree usted que es? Si constantemente estamos escuchando que no podemos, probablemente nunca lo lograremos. Nos programamos pensando que no podemos porque continuamos diciéndonos a nosotros mismos que no podemos. Así que cuando llegan nuevas oportunidades que nos pueden dar una nueva perspectiva, para lograr libertad financiera o iniciar nuestro camino para emprender nuestros sueños, no aprovechamos la oportunidad porque nos hemos programado para pensar que no podemos manejarlo, aún hasta antes de siquiera iniciar.

Cree una nueva realidad

Nuestras vidas nunca serán las mismas. Este es un tiempo maravilloso para todos. La clave consiste en entrar el siglo XXI con una visión nueva de cómo se pueden hacer las cosas.

Recuerdo la película *El show de Truman*. Es la historia de un hombre que vive en un mundo creado para él por el egoísta Christos, un magnate de los medios. Truman vive en un mundo falso de actores, cada uno desempeñando un papel. Su esposa, familia y amigos son todos actores. Es el mundo en el que él nació y no conoce nada diferente. En esencia está atrapado. ¿Le suena conocida esa historia? Por supuesto que sí: esa es la historia de la mayoría de las personas —viven atrapadas en un mundo y en un trabajo que alguien más ha planeado para ellas; en el que otra persona es la que toma las decisiones, pone a los jugadores en movimiento a su antojo sin importarle sus sueños, deseos o ambiciones.

"Todos podemos alcanzar nuestros sueños si decidimos aprovechar las oportunidades que se nos dan".

Sin embargo, Truman descubre que está atrapado y planea su escape. Enfrenta oposición de todos lados, aún de parte de su propia familia y amigos. Ellos utilizan el temor, las amenazas y las distracciones para impedirle escapar. Al final, el intento casi le cuesta la vida, pero la determinación de Truman y su deseo de libertad son más fuertes que el dolor que genera el desafío. Entonces atraviesa la puerta a una nueva realidad, ¡la de un hombre libre! La pregunta es, ¿lo logrará usted?

No se permita quedar atrapado por más tiempo. Usted puede caminar por la puerta de las oportunidades. Todos podemos aprender a ser libres. Todos podemos alcanzar nuestros sueños si decidimos aprovechar las oportunidades que se nos dan. Esas oportunidades pueden venir en una envoltura de adversidad, pero todos podemos aprender a ver más allá de la situación y alcanzar un éxito mayor.

¿Qué concepto u oportunidad está contemplando usted en este momento? ¿Qué oportunidades tiene disponibles ante usted? ¿Qué puede hacer usted ahora mismo respecto a su felicidad y su libertad financiera? Tal vez usted conozca una forma de establecer la base financiera de la dinámica comercial del siglo XXI, pero tal vez sienta temor de iniciar. No se retraiga, ¡el día de oportunidad es hoy!

CAPÍTULO SIETE

DAR

No existe labor más noble en el mundo que asistir a otro ser humano y ayudarle a alcanzar el éxito.

Alan Loy McGinnis

Cree oportunidades para otros

Una de las leyes más grandes del universo es la de sembrar y cosechar. Dicho de otro modo, lo que uno siembra en la vida es lo que recoge.

Este principio puede verse en acción a nuestro alrededor todo el tiempo. Las personas que viven vidas generosas, dando a otros, reciben grandes recompensas. Los grandes amigos igualmente atraen a grandes amistades. Por otra parte, quienes viven una vida despreocupada, con bastante frecuencia viven una vida de desperdicio y despropósito. Desde el principio de la creación los agricultores han cultivado los campos rigiéndose por este mismo principio. Ellos nunca han esperado una cosecha que no hayan primero plantado. Lo mismo ocurre en nuestras vidas. Robert Kiyosaki en su maravilloso libro *Padre rico, padre pobre,* declara que cualquier cosa que se desee en la vida, debemos darla a otros primero.

"Aquello que deseamos tener en la vida primero debemos regalarlo a otros".

¿No sorprende que las cosas que damos a otros usualmente nos regresen después? Nunca olvidaré cierto mañana de domingo en la que fui invitado por mi gran amigo Steve, a dar una conferencia. Era su cumpleaños y el grupo de personas tenían el pastel pero no tenían regalo. Esa mañana yo llevaba puesto mi reloj favorito. Era un placer tenerlo y un orgullo. Ahora bien, he llegado a confiar en los dictados de mi corazón, y esa mañana, mientras hablaba, sentí que debía darle mi reloj a Steve. Debo reconocer que no fue algo fácil. Yo había ahorrado, había hecho planes, y hasta había pedido un descuento por el reloj. Era el reloj de mis sueños. Tal vez no lo hubiera sido para nadie más, pero sí lo era para mí. De repente supe que debía regalarlo. Allí, en medio del discurso, le grité a Steve, "¡atrápalo!", y le arrojé el reloj. Afortunadamente, él es un mejor atrapador de lo que yo soy como lanzador. Ahora bien, Steve es mucho más alto que yo y sus muñecas corresponden a su altura, pero estaba tan sorprendido con el regalo que se lo puso de inmediato. Su brazo se puso rojo, pero no pude convencerlo de quitárselo hasta que le diera los eslabones adicionales del reloj. Más tarde Steve me dijo, "Siempre soñé con tener este reloj", y agregó, "Pat, yo te veía discursar y pensaba lo mucho que me gustaría tener un reloj como ese".

De modo que yo seguí los impulsos de mi corazón y regalé el reloj. ¿Puede creerme que, desde ese día hasta hoy, he recibido más relojes de los que pudiera necesitar? Me han regalado un Rolex de oro sólido con un bisel de diamante. También recibí un hermoso Rolex Submariner. Permítame decirle, cuando usted regala algo, siempre recibirá algo mejor a cambio. Nunca se pierda de la oportunidad de dar. Nunca haga caso omiso de los impulsos del corazón, porque lo que tal vez le parezca tonto a usted puede significarlo todo para la otra persona.

Las semillas se convierten en cosecha

En cierta ocasión escuché a un hombre decir que uno puede contar las semillas en una manzana, pero que no puede contar las manzanas de una semilla. La pregunta es, ¿qué clase de semillas está creando usted a favor de otras personas?

Las oportunidades no ocurren porque sí; son creadas. Creamos las oportunidades cuando las compartimos, cuando las enseñamos a otros y cuando las regalamos. Con frecuencia pensamos que los empresarios están únicamente enriqueciéndose a sí mismos, cuando en realidad, lo que están haciendo es crear muchas oportunidades para otros. Un proyecto comercial exitoso crea oportunidades laborales, y riqueza para que la gente compre sus casas, sin mencionar las oportunidades para que los empleados puedan educar a sus hijos y construir un futuro. Los negocios exitosos ayudan a muchos a cumplir sus sueños.

> "Los negocios exitosos ayudan a muchos a cumplir sus sueños".

Con bastante frecuencia muchas personas denigran del espíritu empresarial, un espíritu y una actitud que todos necesitamos desesperadamente. A los empresarios se les acusa de oportunismo. Permítanme decir esto —la persona que aprovecha las oportunidades, en realidad crea más oportunidades. Debemos aprender a apreciar aquellos que crean las oportunidades; no los denigremos. Se trata de alguien que ha sido exitoso que está sembrando semillas y que hace que otros reciban la cosecha de la prosperidad. El anterior presidente de la Corporación Chrysler, Lee Iacocca, dijo: "Al final, todas las operaciones comerciales pueden reducirse a tres palabras —personas, productos, y beneficios. Las personas están en el primer lugar de importancia". La clave para sacarle el mayor provecho a cada oportunidad es saber que también tenemos que crear oportunidades para otras personas. Brian Tracy, autor del libro *Máximo logro*, dijo, "Las personas exitosas siempre están buscando oportunidades para ayudar a otros; las personas no exitosas siempre andan preguntándose: ¿Qué hay para mí?".

"Al final, todas las operaciones comerciales pueden reducirse a tres palabras —personas, productos, y beneficios. Las personas están en el primer lugar de importancia".
—Lee Iacocca

Cree las oportunidades

Podemos crear las oportunidades mediante construir redes con otras personas. En las redes la gente trabaja en conjunto para el mejoramiento de cada individuo. A mí me gusta estar conectado con las personas. Ya he perdido la cuenta de las veces que me he podido conectar con otras personas. Tal vez se trate de un impresor que necesite a un buen artista gráfico, o de un buen artista gráfico que necesite a un impresor. Tal vez se trate de alguien que esté buscando una oportunidad para alcanzar el éxito y yo tenga la oportunidad de conectarlo con alguien que ya ha sido exitoso en su campo. En muchas oportunidades he logrado conectar a personas jóvenes que están luchando contra las adicciones y contra las crisis de su vida, con alguien que ya ha superado problemas similares. Sus triunfos han servido de inspiración para estos jóvenes. Eso es conectar a las personas. Es el arte de construir redes.

Ningún hombre o mujer puede alcanzar el éxito por sí solo o por sí sola. Tenemos que aprender el arte de trabajar juntos. En esto consiste el poder de la sinergia, donde la suma total es mayor a las partes individuales. Permítanme ilustrarlo, un volante es inútil si se encuentra aparte del automóvil. Con todo, sin el volante, todos los demás componentes del automóvil no son útiles. Todos los elementos jun-

> "Ningún hombre o mujer puede alcanzar el éxito por sí solo o por sí sola. Tenemos que aprender el arte de trabajar juntos".

tos, el volante, el motor, la transmisión y cada parte del vehículo hacen que el automóvil sea muy útil. La sinergia es la fuerza de cada parte individual trabajando en conjunto.

Podemos, de forma colectiva y con cooperación e interconexión lograr mucho más de lo que podemos lograr por nuestra propia cuenta. Lo vemos todo el tiempo en el fútbol, en el baloncesto y en las carreras de relevo. Lo vemos en los ejércitos, en las organizaciones inteligentes y en los matrimonios exitosos, donde la gente trabaja en conjunto para el mejoramiento de cada individuo. A eso se le llama trabajo en equipo. Las mejores organizaciones aprenden la manera de trabajar en conjunto utilizando las fortalezas de cada integrante, para compensar las deficiencias de los demás. Ese es un principio antiguo que está cobrando cada vez más vigencia en el nuevo milenio.

Así es como funciona el asunto de crear oportunidades. Nosotros creamos oportunidades para otros, y ellos crean oportunidades para nosotros. Estando juntos nos constituimos en una fuerza superior. Yo tengo amigos que son excelentes oradores y con frecuencia compartimos información, así creamos oportunidades los unos para los otros. Yo refiero sus nombres a organizaciones corporativas y a los organizadores de eventos y ellos hacen lo mismo por mí. Ese es el poder de crear oportunidades para las personas.

Esté listo para aprovechar las oportunidades que se creen para usted. Alguien dijo una vez, "Esté listo para cuando la oportunidad se presente. La suerte es el momento en el que la preparación se encuentra con la oportunidad". El ex primer ministro británico Benjamín Disraeli lo expresa de la siguiente manera: "El secreto del éxito en la vida de un hombre es estar listo para cuando se le presente su oportunidad". ¿Está usted listo para aprovechar las oportunidades que se le están presentando hoy? ¿Está usted listo para crear oportunidades para otros? Todo su tiempo, su preparación y sus sueños pueden juntarse en una oportunidad que se convierta en el vehículo mediante el cual usted puede construir su futuro. ¿Está usted buscando una oportunidad que haya sido creada para usted?

> "Esté listo para cuando se presente la oportunidad. La suerte es el momento en el que la preparación se encuentra con la oportunidad".

Las oportunidades creadas deben ser vistas como un acto de generosidad. El autor romano Séneca dijo en una ocasión, "Dondequiera que haya un ser humano, existe una oportunidad para manifestar bondad". La Madre Teresa dijo estas palabras, "A menos que la vida se viva para otros, no habrá valido la pena vivirla". Cuando aún era joven, la Madre Teresa desarrolló un intenso deseo de ayudar a los desposeídos y sin esperanza. Y aunque estaba convencida de su llamado, sus superiores le sugirieron que su juventud e inexperiencia harían que fracasara en el esfuerzo. Pero a la edad de 39 años, logró ir tras su pasión. Y no solo logró crear oportunidades para los pobres y necesitados, sino que creó

"Dondequiera que haya un ser humano, existe una oportunidad para manifestar bondad".
—Séneca

oportunidades para que otros hicieran lo mismo. Mediante la obra que comenzó, muchos han encontrado un sentido de dignidad y de logro al ayudar a los menos afortunados. Alan Loy McGinnis, autor del libro *Descubriendo Triunfadores,* dijo: "No existe labor más noble en el mundo que asistir a otro ser humano y ayudarle a alcanzar el éxito".

Permítanme compartir una ilustración oportuna. En mis libros con frecuencia cito a otros escritores así como los grandes dichos que han registrado. Ellos han creado la oportunidad, tanto para usted como para mí, de reflexionar. También han creado la oportunidad de que nosotros construyamos sobre esas preciosas palabras que nos han regalado. Han creado nuevas oportunidades y nosotros, a su vez, podemos darles el crédito por lo que nos han impartido.

Para crear una oportunidad, a veces se necesita darles a las personas un pequeño empujón. El pájaro en su nido tiene un tremendo potencial; ¡puede volar! Pero como polluelo se siente seguro en su morada. Necesita aprender a volar a fin de desarrollar su potencial, de modo que se necesita un pequeño empujón de parte de sus padres. Pronto, la comodidad del nido es superada por la gloria de volar por las alturas. A veces, todo lo que alguien necesita es un pequeño empujón para que logre creer que puede alcanzar lo que desea.

Sea dulce

El término persuasión proviene de la palabra latina *persuasio*, que significa: "a través de la dulzura". Creamos oportunidades para las personas, no por la fuerza, sino a través de la dulzura, demostrándoles que ellos también pueden hacerlo. Esa dulzura proviene de ver las cosas a través de los ojos de ellos. La mayoría de nosotros deseamos poner a la gente en su lugar. Nuestra reacción natural es esperar que la gente haga lo que hacemos. Si deseamos crear oportunidades para otros, debemos ponernos en sus zapatos. Debemos mirar la vida a través de los ojos de ellos.

En la vida, lo que vemos está determinado por el lugar desde donde estemos parados. Si usted desea persuadir a las personas y crear oportunidades para ellos deberá ponerse en las circunstancias de ellos y ver lo que ellos ven. Esto nos ayudará a crear oportunidades, pero también nos ayudará a ser más persuasivos al convencerles de que las oportunidades que hemos creado para ellos valen la pena.

Una vez que creemos una oportunidad para alguien y la persona haya alcanzado el éxito, no nos sintamos amenazados por los logros de esa persona. Y del mismo modo, cuando alguien cree una oportunidad para usted, ¡demuestre agradecimiento por ello! Elija ser un modelo de creación de oportunidades.

Todos nosotros podemos convertirnos en maestros y héroes para otras personas. Los niños nos enseñan al respecto. Si un niño cree lo suficiente en su padre, este puede convencerlo de cualquier cosa. Yo recuerdo a mi hija Chantelle observándome cuando le explicaba algo y ella tenía sólo unos pocos años de edad, le decía que papi había ido a la Luna ese día. Y con sus enormes ojos me decía, "¿Es verdad?", y yo le tenía que explicar que aquello en realidad no era cierto. Me tomaba más tiempo para convencerla de la realidad y revertir lo que había dicho. En su libro *The Natural,* Bernard Malamud, declara, "Sin héroes, somos gente común y no sabemos hasta dónde podemos llegar". Por lo general, la gente no mejora a menos que haya alguien que sirva como modelo en su vida. La actitud es, "Si ellos pueden hacerlo, yo también".

"Sin héroes, somos gente común y no sabemos hasta dónde podemos llegar".
—Bernard Malamud

El autor Charles Fowler, dijo, "Las historias de los grandes hombres constituyen los mejores maestros de la humanidad". La influencia más poderosa en la vida de una persona no necesariamente es un suceso, aunque estos por supuesto tienen influencia en nosotros. Tampoco tiene que ser necesariamente un libro o un relato. La mayor influencia la recibimos a través de la vida de otras personas. Usted puede decidir que quiere tener esa misma vida, y puede optar por seguir sus pisadas.

Cuando usted crea una red, sus oportunidades se multiplican. Con una oportunidad viene otra y luego otra. John Steinbeck, autor de *Las uvas de la ira*, dijo de forma jocosa, "Las ideas son como los conejos. Usted consigue un par, y sorpréndase porque en poco tiempo tiene una docena". Lo mismo puede decirse de las oportunidades. Yo creo una oportunidad para otra persona mediante presentarle a un amigo. Yo puedo crear oportunidades mediante referir a unas personas con otras. También puedo crear posibilidades cuando comparto con la gente mis ideas, o mediante mostrarles como se hace algún negocio. Yo creo oportunidades al ser un modelo para otros, y ayudarles a aprovechar su oportunidad. Yo construyo oportunidades mediante aprovechar yo mismo una oportunidad e invitar a otros a ser parte de ella.

"Las ideas son como los conejos. Usted consigue un par, y sorpréndase porque en poco tiempo tiene una docena".
—John Steinbeck

Hay una historia acerca del cantante Jimmy Durante en una presentación frente a una audiencia de veteranos de la Segunda Guerra Mundial. Debido a su horario ocupado, ejecutó su corto monólogo, pero permaneció en el estrado a medida que el aplauso se hacía más y más fuerte. Luego de media hora hizo una venia. Después, entre bastidores, se le preguntó por qué había permanecido tanto tiempo allí. Jimmy señaló a la fila del frente, donde estaban dos veteranos con un solo brazo que habían aplaudido con entusiasmo. Uno de ellos había perdido su brazo derecho y el otro su brazo izquierdo. Pero utilizaron lo que ambos tenían, y le aplaudieron. Su corazón quedó impresionado con estos dos hombres que, a pesar de lo que otros hubieran considerado una discapacidad, habían aprendido la manera de trabajar juntos. Hicieron lo mejor que pudieron con lo que tenían. Usted puede vivir una vida de generosidad ayudando a otros a alcanzar sus sueños, y todo lo que necesita para ello, es empezar en este mismo instante...

CAPÍTULO OCHO

CAMBIE

Si lo pensó ayer, si lo está pensando hoy,
no lo pensará mañana.
Faith Popcorn

Todas las oportunidades implican cambio. La palabra cambio no le suena muy agradable a la mayoría de las personas. Recuerdo que en una ocasión alguien me dijo, "Pat, yo soy como el Todopoderoso: Yo no cambio". Mi respuesta fue, "Él es perfecto —usted no".

El presidente John F. Kennedy dijo, "El cambio es la ley de la vida. Quienes únicamente miran al pasado o al presente van a perder el futuro".

El futuro, amigos míos, tiene que ver todo con el cambio. Y el cambio tiene que ver con el progreso. Tenemos que cambiar; nuestras economías deben cambiar, las maneras de hacer negocios tienen que cambiar. Los productos cambian; también lo hacen los mecanismos de distribución, las funciones del liderazgo, la forma como lideramos los cambios. Nuestros gustos están en constante estado de cambio. Aún nuestro cuerpo cambia casi todos los días, sin que ni siquiera lo notemos. Todos estos cambios implican esfuerzos. El activista de los Derechos Civiles, el Reverendo Jesse Jackson, dijo respecto al cambio, "Las lágrimas producen simpatía, pero el sudor produce el cambio". Cuán cierto es eso. Se debe trabajar para construir el cambio. Este no ocurre por casualidad.

> "Las lágrimas producen simpatía, pero el sudor produce el cambio".
> —Reverendo Jesse Jackson

Durante varios años, yo luché contra el mal genio. Yo solía excusarlo diciendo que era parte de mi herencia genética. A veces yo consideraba que mi temperamento era liderazgo, hasta que un día tuve que reconocer la desagradable verdad: dicho de forma simple tenía un mal temperamento. Necesitaba cambiar. Tuve que decidir cambiar mi temperamento, de modo que inicié un proceso de cambio. En vez de salirme de casillas, tuve que aprender a pensar en las consecuencias de mis palabras y acciones. El cambio implicaba mi esfuerzo consistente, pero soy mejor por todo ello, y estoy seguro de que he tenido muchas más oportunidades, algunas que nunca hubiera tenido, si hubiera permitido que mi genio se dejara alterar.

Nuestro mundo ha cambiado de una era agrícola a una era industrial y ahora a la era de la información. Sin embargo, muchos no desean cambiar en consonancia con los tiempos. Creo que fue Bod Dylan quien cantó: "Los tiempos están cambiando, si no puedes ayudar, retírate del camino". Muchas personas se resisten al cambio porque no lo entienden. Rosa McBeath-Canter de Harvard Business School dijo: "Los individuos que tienen éxito y que florecen también serán los maestros del cambio, dedicados a orientar sus acciones y las acciones de otros en nuevas direcciones para producir mayores niveles de logro".

> "Los tiempos están cambiando, si no puedes ayudar, retírate del camino".
> —Bod Dylan

Cuando la tienda de víveres local se transformó en un supermercado, la gente reaccionó negativamente. Estaban preocupados. "¿Cómo vamos a hacer frente a este cambio?", se preguntaban. "¿Quién va a querer ir al supermercado para tomar las cosas de un estante?". Ahora lo hacemos todos los días sin siquiera pensarlo. Y ahora estamos viendo el cambio del supermercado al comercio en línea: el adquirir los productos y los servicios en línea. Si, como en mi caso, usted se encuentra en sus cuarenta, puede parecer un concepto difícil, pero para el adolescente promedio y el adulto joven, todo ello hace parte de las rutinas diarias. Su mundo consiste en una pantalla, viven en ella. El control remoto sintetiza su estilo de vida, cambiar es tan fácil como apretar un botón.

Nuestro mundo está cambiando —el televisor se está convirtiendo en un computador. Los teléfonos celulares, los cuales hace tan solo 10 años tenían el peso y el tamaño de un ladrillo, ahora son asombrosamente pequeños. Desde su celular usted puede navegar en la red, enviar y recibir correos, y hasta enviar faxes. Ahora es posible comunicarse casi de toda forma imaginable. ¡Hasta se puede ver la televisión a través de los teléfonos celulares!

Los tiempos están cambiando. Prepárese y vaya con el flujo del cambio. No luche contra el cambio, acéptelo con entusiasmo. No se resista al cambio, acójalo e impleméntelo en su vida. Muchas personas piensan para sí mismas, "Yo no voy a cambiar; voy a quedarme como estoy". Sin embargo, el mundo continúa creciendo y expandiéndose, y si nos detenemos, en vez de quedarnos en el mismo lugar, en realidad retrocederemos.

La globalización ahora hace parte de nuestro mundo. Tenemos una economía global. Ya no se puede pensar en una economía nacional. Hasta hace tan solo 20 años sólo pocos negocios necesitaban prestar atención a los mercados mundiales. Su mercado nacional era todo lo necesario. En la actualidad, desde nuestro hogar, aún desde un avión en el aire, podemos utilizar nuestro computador personal para generar una enorme cantidad de riqueza. Todos estos son los resultados del cambio.

A mí me encantan los cambios. Yo considero que los cambios demuestran la "grandeza" de una persona. En una de mis áreas de trabajo, que consiste en administrar un centro de rehabilitación para drogadictos, uno de mis ex empleados, y quiero hacer énfasis en la palabra ex, vino cierto día y me dijo, "¿Por qué estamos cambiando el programa? Hemos estado haciendo lo mismo durante los pasados 15 años". Por eso es que él es un ex empleado. Nadie puede pretender que las cosas se hagan de la misma manera en que se hacían hace 15 años. Yo quiero que las cosas se hagan de la forma como se están haciendo en la actualidad. Y mientras que podemos aprender del pasado y rescatar lo bueno, debemos estar dispuestos a incorporar lo nuevo del ahora. Faith Popcorn tenía razón cuando dijo: "Si lo pensó ayer, si lo está pensando hoy, no lo pensará mañana".

> "Si lo pensó ayer, si lo está pensando hoy, no lo pensará mañana".
> —Faith Popcorn

La vida del músico Sonny Bonno es un ejemplo del cambio positivo. En una exitosa carrera musical, Sonny y Cher vendieron más de 40 millones de discos. Luego Sonny pasó a la televisión. *La hora de comedia de Sonny y Cher* fue de manera consistente uno de los 10 shows más vistos. No obstante, Sonny entró en la arena política, primero como Alcalde de Palm Springs, y luego en 1994, cuando ganó un escaño en la Casa de los Representantes. Sonny Bonno nunca permaneció inmóvil, cambió con los tiempos y con las circunstancias. Todos podemos hacer lo mismo.

Los cambios representan mejores oportunidades. Un cambio conduce a otro, y nos da la oportunidad de crecer. En el año 1928 Harry Cunningham trabajaba en la bodega de Kresge Company. Harry era bastante inteligente y durante los siguientes años obtuvo varios ascensos. En el año 1957, siendo presidente de la compañía, Cunningham empezó a estudiar los mercados del futuro. Llegó a la conclusión de que pronto las tiendas de descuentos tendrían una participación en el mercado significativa. En 1959 fue nombrado presidente de la compañía e inició el proceso de cambio, el cual, en 1963 dio origen a 40 tiendas K-Mart. Para el año 1977 había más de 1.000 tiendas K-Mart en los Estados Unidos. En la actualidad, cualquiera de nosotros puede visitar un K-Mart en el mundo. Harry Cunningham vio la oportunidad presente en el cambio de hábitos de compra de los consumidores. En vez de rechazarla, capitalizó sobre ella y dio origen a un exitoso negocio internacional. Alguien dijo en algún momento, "Si no cambiamos, no crecemos; y si no crecemos, no estamos vivos". Acoger el cambio es vital para sacarle el mayor provecho a las oportunidades.

> "Si no cambiamos, no crecemos; y si no crecemos, no estamos vivos".

El ex presidente Ronald Reagan dijo respecto a los Estados Unidos de América, "La mismísima clave del éxito ha sido nuestra habilidad, destacada entre las naciones, de preservar nuestros valores duraderos, haciendo que el cambio obre a nuestro favor, en vez de en nuestra contra". Los Estados Unidos ha sido la fuerza militar, económica y tecnológica dominante. Este país constituye un testimonio viviente del hecho de que el cambio puede obrar a nuestro favor.

CAPÍTULO NUEVE

LA PERSEVERANCIA

Yo no creo que haya otra cualidad más esencial para el éxito que la cualidad de la perseverancia. La perseverancia puede vencer a casi todo, incluso a la naturaleza.

J. D. Rockefeller

Termine lo que empezó

Muchas personas son emprendedores brillantes, pero de alguna manera, nunca terminan. Cualquier atleta puede decir que lo que cuenta no es cómo se inicia la carrera, sino como ésta termina.

Con bastante frecuencia, muchas personas emprenden un nuevo negocio con entusiasmo, llenos de expectativas y de grandes sueños. No obstante, con el tiempo, desisten de sus esfuerzos. Es como si empezaran una maratón, y después de un tiempo, tomaran un desvío y en vez de volver a la ruta, permanecieran en el desvío hasta terminar en un lugar que no se esperaba. Aquello no tiene sentido.

La historia está llena de grandes emprendedores, pero que no terminaron como grandes realizadores. A veces, en medio de la carrera de la vida, dejamos de perseverar y nos damos por vencidos. Lo que cuenta no es el principio. Aunque el inicio es importante, se debe continuar hasta el final, para que ese inicio haya valido la pena. De hecho, lo importante, y lo más valioso en la vida es terminar lo que deseamos hacer. ¿Cuántos libros maravillosos nunca serán leídos porque aunque se inició su escritura quedaron a medio escribir? Nunca ha habido una canción exitosa que haya quedado escrita sin finalizar. Ningún negocio exitoso quedó a medio construir. La clave está en terminar lo que se empieza.

"Nunca ha habido una canción exitosa que haya quedado escrita sin finalizar. Ningún negocio exitoso quedó a medio construir. La clave está en terminar lo que se empieza".

Ya hemos hablado de uno de los grandes oradores de todos los tiempos, Billy Graham. Aunque Billy Graham y dos de sus compañeros, Chuck Templeton y Brian Clifford, iniciaron su carrera juntos, solo uno de ellos continuó. ¿Qué hizo la diferencia? ¡Perseverancia y compromiso!

Muchas personas con menos talento, menos habilidades y menos entusiasmo logran más que aquellos con mayores habilidades porque demuestran compromiso para terminar lo que han iniciado. Cuando alguien se casa, no lo hace para estar casado sólo por unas pocas semanas o meses, o por unos pocos años, se casan "hasta que la muerte los separe". Desean finalizar lo que comenzaron. Lo mismo debería ser cierto de nuestros negocios y esfuerzos personales. Debemos abordar esas oportunidades con la determinación de terminarlas, de avanzar todo el trayecto y no sólo parte de él.

Se necesita manifestar consistencia para terminar lo que se ha iniciado. La mayoría de las personas que alcanzan la cima del éxito, sea en las finanzas, en los deportes, o en cualquier otro ámbito, han demostrado ser consistentes. Para estar allí no han estado arriba y abajo como un yo-yo. Han construido su vida consistentemente desde sus fundamentos y del mismo modo han procurado avanzar hacia delante. Con constancia invierten su dinero. Y dado que son consistentes, una y otra vez lo hacen mejor que el promedio de los demás.

Recientemente, hice el intento de hacer una carrera larga desde mi ciudad natal, Sídney hacia otra ciudad, Wollongong, a una distancia de más de 120 kilómetros. Cuando empecé a entrenar, corría con un hombre que había dedicado muchos años a entrenar para participar en carreras de triatlón. Desde el inicio de nuestro primer entrenamiento, intenté mantenerme al paso con él, pero para decir lo menos, no lo hice nada bien. Sin embargo, después, descubrí que la clave consistía en correr con constancia, a mi propio paso, sin salir disparado como una bala desde el principio. Así, me fue mucho mejor con el manejo del tiempo.

Seguramente usted ha escuchado la vieja historia de la tortuga y la liebre. La tortuga lenta y constante gana la carrera. Bien no me estoy refiriendo a que uno deba ser lento, pero lo que sí deseo sugerir es que debemos aprender a ser consistentes y estables. La leyenda del boxeo Joe Frazier dijo, "El luchador se levanta temprano en la mañana, y realiza su entrenamiento todos los días. Practica una y otra vez sin tomar atajos. Si el luchador toma atajos en su rutina diaria, se hará evidente después". Usted deberá ser consistente, si desea sacar el máximo provecho a sus oportunidades.

Para cumplir los sueños es esencial cultivar la perseverancia. El diccionario define la perseverancia como "firmeza, persistencia constante al adherirse a un curso de acción, una creencia o un propósito". La mayoría de personas se dan por vencidas cuando están a punto de alcanzar el éxito. Se rinden en el último minuto, a sólo unos instantes de obtener su recompensa.

Fue en las últimas millas y en la última colina, a medida que me aproximaba al final de la carrera en Wollongong (el equivalente a tres maratones en un periodo de dos días), que el recorrido se hizo más difícil. Pero a menos que yo perseverara en esa última colina, nunca hubiera podido saber lo que es la emoción de saber que lo había logrado. J. D. Rockefeller dijo esto: "Yo no creo que haya otra cualidad más esencial para el éxito que la cualidad de la perseverancia. La perseverancia puede vencer a casi todo, incluso a la naturaleza". Amigos míos, cuán cierta es esa declaración.

> "El luchador se levanta temprano en la mañana, y realiza su entrenamiento todos los días. Practica una y otra vez sin tomar atajos. Si el luchador toma atajos en su rutina diaria, se hará evidente después".
> —Joe Frazier

La perseverancia puede vencer todas las cosas, incluso la lengua crítica de un familiar poco considerado. También puede vencer las limitaciones que impone la poca educación. Puede vencer las barreras con las cuales otros intentan frenar nuestro avance, así como el sentido de ausencia de logro que nos puede afectar. La perseverancia nos lleva a alcanzar un mejor nivel de vida.

"Yo no creo que haya otra cualidad más esencial para el éxito que la cualidad de la perseverancia. La perseverancia puede vencer a casi todo, incluso a la naturaleza".
—J. D. Rockefeller

Dennis Waitley y Reni L. Witt, coautores del libro *La alegría de trabajo*, mencionan respecto a la perseverancia, "Implica dedicar atención y esfuerzo plenos a lo que se está haciendo en este momento". ¿Qué está haciendo usted en este momento? ¿Qué oportunidades se le están dando, o está desarrollando en este momento? Continúe perseverando en ello, continúe insistiendo en ello hasta que obtenga los resultados esperados.

El diseñador de ropa Calvin Klein, demostró interés por la moda desde una edad temprana. Durante seis años, después de graduarse de un curso de diseño, luchó para sobrevivir. Justo en el momento en el que estaba considerando la posibilidad de dejar el diseño de modas para trabajar en un negocio de víveres un amigo le dio USD $10.000 para que empezara con Calvin Klein Ltd. En menos de 10 años, Klein ganó consecutivamente tres premios Coty. Ninguno de nosotros sabe el éxito que nos espera por nuestra perseverancia consistente.

Todas las personas atravesamos por periodos de desánimo en algún momento. La clave es continuar adelante y reconocer que de ese desánimo puede surgir el valor. Brian Tracy dijo, "El coraje proviene de actuar con valor con una regularidad diaria". Si usted ha experimentado desánimo, quizás le sorprenda quienes lo han experimentado antes de usted.

Henry Ford experimentó la bancarrota dos veces es sus primeros tres años en el negocio de los automóviles. Tres de las primeras cinco cadenas de tiendas de Frank Woolworth fracasaron. Hewlett-Packard y Atari rechazaron al innovador fabricante de computadores Apple. Veintitrés editoriales rechazaron el primer libro para niños del *Doctor Seuss*. La editorial número 24 ¡vendió seis millones de copias!

"Veintitrés editoriales rechazaron el primer libro para niños del Doctor Seuss. La editorial número 24 ¡vendió seis millones de copias! ".

Probablemente usted nunca se convierta en un escritor de historias brillante, ni en un atleta de talla mundial o en un inventor como Edison. Tal vez usted nunca tenga la fama que ha tenido Madonna; pero todos nosotros, si aprovechamos las oportunidades que se nos presentan, con voluntad de mantenernos perseverando y con determinación para triunfar, podemos alcanzar una medida de éxito que de otro modo nos eludiría.

Hay una historia maravillosa de un entrenador de baloncesto que intentaba motivar a sus jugadores quienes atravesaban una temporada difícil. En la mitad del campeonato les preguntó a los miembros de su equipo, "¿Renunció alguna vez Michael Jordan?". El equipo contestó "¡No!". Él gritó entonces, "¿Qué hay de los hermanos Wright, se dieron por vencidos?". El equipo retumbó "¡No!". "¿Renunció alguna vez Elma Macalister?". Ocurrió un gran silencio. Al final un jugador tuvo el suficiente valor para preguntar, "¿Quién es Elma Macalister?, nunca hemos escuchado su nombre". El entrenador contestó. "Por supuesto que nunca han escuchado su nombre, y la razón es porque renunció".

> "Hacer planes nos ayuda a terminar lo que hemos comenzado. Usted ha de adherirse a su plan de acción. Comprenda que la vida y el éxito deben ser planeados".

Hacer planes nos ayuda a terminar lo que hemos comenzado. Usted ha de adherirse a su plan de acción. Comprenda que la vida y el éxito deben ser planeados. ¿Por qué ocurre que la mayoría de las personas dedican más tiempo a planear sus vacaciones que a planear el éxito de la vida entera? Resulta absurdo que podamos planear una o dos semanas de vacaciones pero que dediquemos tan poco tiempo a planear nuestras vidas, y a desarrollar las estrategias que nos llevarán a donde deseamos estar. Lo que cuenta para el éxito es nuestra planeación y nuestra preparación. El campeón de fútbol de la NFL, Roger Starbuck, dijo, "En los negocios o en el fútbol toma mucho tiempo de preparación no espectacular para poder producir resultados espectaculares".

Ahora bien, tome ese gran plan y divídalo en piezas pequeñas. En los deportes un juego, un evento no hacen a un equipo ganador. Es más bien, una serie de eventos, una serie de victorias, y la mayoría de veces también, una serie de fracasos lo que puede construir al equipo ganador.

"En los negocios o en el fútbol toma mucho tiempo de preparación no espectacular para poder producir resultados espectaculares".
—Roger Starbuck

Permítanme compartir otro ejemplo que puede ayudar a ilustrar este punto. Cuando usted va a un restaurante sueco, todo se le pone frente a usted. Sus ojos se sorprenden ante las ensaladas, los platillos, los postres, las carnes, el pollo, las frituras y todas las delicias que agregarán increíbles cantidades de grasa a su cuerpo perfectamente trabajado. Usted quisiera probarlo todo, pero aquí está el punto. Usted no puede comerlo todo de una sola vez. Usted tiene que avanzar poco a poco, bocado a bocado. Al menos así es como yo disfruto un buffet sueco (con frecuencia veo que muchas personas apilan todo en un plato pequeño). Recuerdo que en una ocasión fui a un buffet de 10 dólares del estilo "todo lo que quieras comer". Mi amigo Sam tenía una capacidad increíble para comer de modo que cargó tanto su plato que parecía una versión miniatura de una torre de pisa inclinada. Se sentó con toda la mezcla imaginable de comidas, me miró y me dijo, "Bien, Pat, ¡aquí vamos!". Él estaba determinado a tener un buffet sueco diez veces más grande en un solo plato. Esa ciertamente no es la forma como debemos abordar la vida. Usted debe asumirla parte por parte, porción por porción. Una casa se construye un ladrillo a la vez. La riqueza se construye un dólar a la vez.

En septiembre de 1992, Mae Jamison se convirtió en la primera mujer afroamericana que viajó al espacio. Pocos fueron los que apreciaron su persistencia para realizar el viaje. Mae había sido inspirada por la serie de los años 60, *Viaje a las estrellas.* Antes de abordar el transbordador espacial, Mae se graduó de la universidad con honores en ingeniería química, en historia afroamericana y en medicina, aprendió a hablar tres idiomas y participó en un cuerpo de paz en África. Su persistencia le llevó a tener grandes recompensas.

"Una de las razones por las cuales no logramos alcanzar nuestras metas es porque a menudo nos enfocamos en cuán lejos nos sentimos de tener satisfacción, en vez de cuán lejos hemos llegado".

Muchos de nosotros logramos muchas cosas y sin embargo nos damos por vencidos porque no nos sentimos bien respecto a dónde estamos, y hasta olvidamos lo lejos que hemos llegado. El autor en temas gerenciales Fred Pryor, dijo, "Una de las razones por las cuales no logramos alcanzar nuestras metas es porque a menudo nos enfocamos en cuán lejos nos sentimos de tener satisfacción, en vez de cuán lejos hemos llegado".

Helmut Schmidt lo expresa de este modo, "Debe tenerse muy en cuenta que la tragedia en la vida no radica en no alcanzar la meta, sino en no tener una meta a la cual aspirar a alcanzar". No es una derrota morir con sueños no alcanzados, pero sí es una calamidad no soñar. No es una desgracia no alcanzar las estrellas, pero sí es una desgracia no tener estrellas qué alcanzar. El no tener ambiciones, no las derrotas, constituye una gran falla. Con todas las oportunidades a nuestro alcance, debemos apuntar alto, establecer nuestros planes y emprender la acción paso a paso.